图书在版编目(CIP)数据

教育展望. 180,通过教育防止暴力极端主义/联合国教科文组织国际教育局编;华东师范大学译. —上海:华东师范大学出版社,2022

(课程、学习与评价的比较研究)

ISBN 978 - 7 - 5760 - 3539 - 1

Ⅰ.①教… Ⅱ.①联… ②华… Ⅲ.①教育-世界-丛刊 Ⅳ.①G51 - 55

中国版本图书馆 CIP 数据核字(2022)第 254381 号

教育展望 总第 180 期

通过教育防止暴力极端主义

(课程、学习与评价的比较研究)

编　者　联合国教科文组织国际教育局
译　者　华东师范大学
责任编辑　王　焰(策划组稿)
　　　　　王国红(项目统筹)
特约审读　徐思思
责任校对　郭　琳　时东明
装帧设计　卢晓红

出版发行　华东师范大学出版社
社　　址　上海市中山北路 3663 号　邮编 200062
网　　址　www.ecnupress.com.cn
电　　话　021 - 60821666　行政传真 021 - 62572105
客服电话　021 - 62865537　门市(邮购)电话 021 - 62869887
地　　址　上海市中山北路 3663 号华东师范大学校内先锋路口
网　　店　http://hdsdcbs.tmall.com

印 刷 者　江苏扬中印刷有限公司
开　　本　787 毫米×1092 毫米　1/16
印　　张　5.5
字　　数　111 千字
版　　次　2023 年 2 月第 1 版
印　　次　2023 年 2 月第 1 次
书　　号　ISBN 978 - 7 - 5760 - 3539 - 1
定　　价　32.00 元

出 版 人　王　焰

总第180期

教育展望

课程、学习与评价的比较研究

第48卷　第1-2期

目　录

编者按

观点/争鸣

专　栏

一切信件请寄:

Editor, *Prospects*,

UNESCO International Bureau of Education,

P. O. Box 199,

1211 Geneva 20,

Switzerland.

E-mail: ibe. prospects@unesco. org

欲了解国际教育局的计划、活动及出版物,请查询其互联网主页:

http: //www. ibe. unesco. org

一切订阅刊物的来信请寄:

Springer,

P. O. Box 990, 3300 AZ Dordrecht,

The Netherlands

中文版项目编辑:

王国红

合作出版者:联合国教科文组织(UNESCO)

国际教育局(IBE)

P. O. Box 199, 1211 Geneva 20,

Switzerland

and Springer,

P. O. Box 17, 3300 AA Dordrecht,

The Netherlands

ISSN: 0033 - 1538

通过课程中的共通价值防止暴力极端主义

P. T. M. 玛诺佩*

在线出版时间:2019 年 11 月 9 日

©联合国教科文组织国际教育局 2019 年

联合国《2030 年可持续发展议程》(*2030 Agenda for Sustainable Development*)设想了"一个普遍尊重人权和人的尊严、法治、公正、平等和不歧视的世界"(United Nations 2015,p. 7)。议程着重强调了社会的和平、公正和包容性,这是一次史无前例的机会,可以让世界走上可持续发展道路,并确保所有人都享有有尊严的生活。然而,尽管世界正逐渐接受公正、多样和宽容的准则,但世界仍然存在着严重的分歧。最近世界许多地方都发生了偏狭和歧视的严重案例,且数量惊人,包括各类侵犯、恐吓、胁迫和暴力行为。恐怖主义和暴力极端主义的存在更增加了世界的风险威胁。暴力极端主义形势越来越紧张,且在全球范围内不断蔓延,这不仅对人们享有人权和基本自由构成了威胁,且与《世界人权宣言》(Universal Declaration of Human Rights)和其他协定所载的共通正义标准背道而驰。暴力极端主义产生的影响不仅仅是区域性的,更蔓延到了国家乃至全球范围,对经济表现造成影响,造成人们流离失所(包括国内和国际难民),进而对社会造成巨大压力,并导致资源分配的重心转向遏制暴力,不再集中于发展。而这又进一步"降低了经济增长的可持续性,损害了社会凝聚力和安全,鼓动在全球公共领域内使用不公正的方式方法,危害了社会民主,并严重破坏了人们对可持续发展和社会和平的美好希望"(Mohammed 2015,p. 1)。从长远来看,暴力极端主义行为最终都会对发展造成危害。认识并理解导致暴力极端主义存在的潜在问题和因素,并采取一切适当措施防止仇恨、偏狭和暴力极端主义现象,这是个复杂且极具挑战性的过程。

教育和暴力极端主义

上述问题的解决需要对问题作出统一回应,并建立完整议程,综合社会、经济、

---

* 原文语言:英语

P. T. M. 玛诺佩

通信地址:UNESCO International Bureau of Education, Geneva, Switzerland.

电子信箱:ibe. prospects@unesco. org

文化和环境各方面统筹分析问题，包括教育、医疗和资源。其中，教育是解决问题的核心所在。促进公平公正、包容性强、质量高的教育，"通过减少偏见、对抗无知与冷漠，从而消除可能导致暴力极端主义现象的过程"（联合国教科文组织前总干事伊琳娜·博科娃在伦敦第 18 届英联邦讲坛的演讲，2016 年 2 月 25 日）。促进教育的过程需要从地方到国家，从地区到全球，上下各级都采取协调一致的行动，并要让儿童、青年人和成年人参与进来，加强他们作为单一独立个体的叙述，并赋予他们权力促进改革。

在这样的情况下，人们不应只将教育和学习看作一项工具。教育和学习通过塑造人的性格、态度和伦理观念，同样能决定一个国家的社会结构，进而建立起（或无法建立）宽容、多元、包容性强的社会。

以上事实都表明，我们迫切需要将关注重点转移到最根本的问题上，即教育的目的和目标，并构建一个更具整体性、综合性和人道主义的学习愿景，这样的学习愿景所传递的价值观念能帮助人类建设起更公正、更具包容性的社会。价值观念、对话、公众参与、赋权于人民和建设和平社会都是促进社会包容性的重要驱动力，也是社会发展的必要条件。

尽管许多人都认识到了教育、包容、平等和建立和平之间的关系，但对于教育课程在防止不宽容、仇恨、偏见和极端主义方面能起到的作用，人们还是认识不足，并且教育课程的全部潜力也未能充分展现。

教育课程可以在减少不宽容、极端主义现象方面作出贡献，也理应为此作出积极贡献。课程能够帮助人们掌握不同文化的知识，促进人们对不同文化的相互理解。课程还能让不同年龄段的学习者掌握最基本的价值观和知识技能体系，并逐渐灌输对人权和社会正义的尊重意识，从而促使课程学习者成为负责任的全球公民。课程能在建设公平、正义、宽容的社会的方方面面作出贡献，如防止冲突发生、促进社会转型、促进公民参与、助力经济发展等。课程还能解决一些可能激化冲突的潜在不平等问题，赋权于被剥夺权利的群体，开展公民教育，并塑造民主参与和问题决策机制。

国际教育局的倡议

2016 年，联合国教科文组织国际教育局发起了一项倡议，即通过课程中的主流共通价值（universal values）来杜绝暴力极端主义。这项倡议指明，解决偏狭、暴力和极端主义问题的全球词汇和对话机制要更关注多样性，而非相似性。尽管认识并颂扬我们之间的不同至关重要，然而，人们为此做出的努力仍然不够：除非认识到并接受我们共同的人性，不然我们还是无法完全重视差异。

国际教育局坚信，人类应该团结，而非分离。国际教育局试图利用课程强调，将人类紧密相连的价值观是具有共通性的。

这一立场的核心是要理解世界非凡的多样性,以及欣赏将人类紧密相连的共同人性。我们可行的设想是,如果人们能承认甚至颂扬人类价值观的共通性,那就是向全人类团结和谐共处迈出了第一步。

国际教育局的回应是基于联合国教科文组织的根本目标,即促进国际理解,加强国际合作,增进和平和对人权及基本自由的尊重。该回应还基于联合国教科文组织的德洛尔报告(Delors report)所强调的教育的第三大支柱——"学会共处"(Delors et al. 1996)。学会共处首先要建立起"人类价值观的有限度的统一",这一看法既承认了人类共通价值观的主要地位,同时也承认一些价值观在特定环境下存在的具体性。

国际教育局提出了一种混合方法,该方法既基于哲学基础,同时在认识价值观的共通性和具体性方面也具有教育的务实可行性。这种混合方法即指"有限度的统一"。国际教育局承认,人们对共通价值观念有不同的解释、假设甚至冲突,但与此同时,国际教育局仍坚持认为,基于对文化间共通价值在哲学层面和社会心理学层面的论证,采用有限度的统一这一混合方法是可行的。有限度的统一价值观在接受文化多元性的同时,认识到了人类的共同价值观才是最重要的。

认识共通价值并非与多样性、多元主义和个人自由格格不入。相反,如果我们要保护多样性、多元主义和个人自由,要"将每个个体视作变革的主体和目的"(Nussbaum 1999,p. 63),共通价值恰恰为我们所需。国际教育局主张,我们要进行持续动态的思考,探讨如何在教育和学习的多个层级中(例如,从国家课程到学校,从正式课程到非正式课程等)和跨国论坛中(例如,国际教育局和联合国教科文组织开展的此类论坛)开展并广泛促进这种有限度的价值观统一。

统一解决这些问题的一个方法是:生成一系列足够灵活的共通价值观念,让人们得以适当处理价值观念的多样性。随着对有限度的统一价值观的理解不断发展,过久关注是否存在共通价值观的理论论证显然是不明智的。相反,我们应该向前看,应该仔细思考,认识不同文化间的共通价值观及其变化,并始终注意,要基于人权标准保护价值观念的具体性。

课程是促进融合价值观的共通性和具体性的重要方法。通过课程,课程学习者能够反思自己对某些价值观共通性的理解,同时发展他们研究相关问题的能力,进而增进他们对所处文化下的社会意识。

国际教育局关于共通价值的工作与联合国教科文组织的全球公民教育项目(Global Citizenship Education,GCED)息息相关,全球公民教育项目是联合国教科文组织的战略性工作领域之一,是全球《2030 年教育议程》(*Education 2030 Agenda*)的目标之一,《联合国可持续发展目标》(*Sustainable Development Goals*,SDG)第 4.7 条中也对此加以强调:

到 2030 年，确保所有学习者均掌握促进可持续发展所需的知识和技能，具体做法包括开展可持续发展、可持续生活方式、人权和性别平等方面的教育、弘扬和平和非暴力文化、提升全球公民意识，以及肯定文化多样性和文化对可持续发展的贡献。

全球公民教育项目目的是建立起学习者的价值观、软技能和态度，从而促进社会转型，增进国际合作。在全球公民教育项目的框架下，可以将共通价值观念付诸实施，并直接用以解决许多相关问题，如社会正义、人权、包容性、多样性、性别平等、环境可持续性等。

国际教育局正引领着一个复杂的过程：阐述并支持需要促进和传授的共通价值观，防止暴力极端主义发生。这一过程需要从地方到国家、从地区到全球的各级上下都采取协调一致的行动，需要涉及不同文化和不同宗教信仰之间的对话，并需要加强年轻人作为单一独立个体的叙述，并赋予他们权力促进改革。课程中的主流共通价值就是教育系统解决暴力极端主义问题的首要工具。

关于本期特刊

我们人类是紧密相连的，正如马丁·路德·金（Martin Luther King, Jr. , 1967）所说，"我们的命运相连"，我们需要学习如何共处、如何共事，进而改善人类状况。这个想法虽然简单，但有力。本期双周特刊的主题是关于防止暴力极端主义，而这个想法就像一根线，串起了本期特刊出版的所有文章。

当我们邀请到康拉德·休斯（Conrad Hughes）担任本期的特约编辑时，我们就知道，最终的内容一定会非常特别。康拉德·休斯不仅是享誉全球的思想家，也是位著作颇丰的作家，他的作品致力于解决教育方面的偏见和应对 21 世纪教育的全球性挑战。他在国际教育局担任高级研究员，持有文学和教育学双博士学位，现是一位教育学家，从事学校行政管理。他在南非和英国接受教育，先后在瑞士、法国、印度、荷兰等国的学校任职，现任日内瓦国际学校（International School of Geneva, La Grande Boissière）校长。日内瓦国际学校是全世界最老牌的国际学校，有着来自130 多种不同文化的学生，并致力于通过教育让世界变得更美好、更和平、更开放。

本期特刊中，康拉德·休斯汇集了全球范围内防止暴力极端主义的主要声音：哲学家格雷林（A. C. Grayling）；人权专家、联合国教科文组织人权和高等教育协会执行主任费利萨·蒂比茨（Felisa L. Tibbitts）；教授和大屠杀教育中心研究员多伊尔·斯特维克（Doyle Stevick）；神经科学家劳拉·利古力（Laura Ligouri）；哲学实践者娜塔莉·弗莱彻（Natalie M. Fletcher）。他们的杰出贡献帮助人们认识了暴力极端主义的一些驱动因素,并主张人们迫切需要反思其共同点,挑战自我,以恢复建立人类共同未来的自主意识。

（石　兰　译）

参考文献

Delors, J., et al. (1996). *Learning. The treasure within*. Paris: UNESCO.

King, Martin Luther Jr. (1967). *A Christmas sermon on peace*. Massey Lecture 5, Ebeneezer Baptist Church, Canada. Public Radio Exchange (PRE). https://exchange. prx. org/series/31037-martin-luther-king-jr-massey-lectures.

Mohammed, A. J. (2015). *Deepening income inequality*. Geneva: World Economic Forum.

Nussbaum, M. (1999). *In defense of universal values*. The Fifth Annual Hesburgh Lectures on Ethics and Public Policy. Notre Dame, IN: University of Notre Dame. http://philosophy. uchicago. edu/faculty/files/nussbaum/In%20Defense%20of%20Universal%20Values. pdf.

UNESCO (2017). *Global citizenship education*. https://en. unesco. org/themes/gced.

United Nations (2015). *Transforming our world: The 2030 Agenda for Sustainable Development*. Resolution adopted by the General Assembly on 25 September 2015. New York, NY: United Nations.

反暴力教育

A. C. 格雷林 *

在线出版时间:2019 年 5 月 4 日
©联合国教科文组织国际教育局 2019 年

在研究教育能否有效阻止人们使用暴力实现其目的上,有两个常见现象和两项观察结果与之相关。

从心理学和哲学中,我们发现的第一个常见现象是,人类行动的主要动力来源是情感,而不是理性(大卫·休谟的经典著作《人性论》第三卷第三章第三节中从哲学角度对这个问题进行了阐释)。广告商和政治活动的组织者都知道,呼吁理性远不如呼吁情感有效。欲望、贪婪、恐惧、希望、信仰、忠诚、怀旧和焦虑都比逻辑更有说服力,更能激励人心。

第二个常见现象是,当真正了解了某个人,或者了解了之前被视为群体中的"其他"成员后,人们对这些人的敌意往往会降低,对这些群体也不像之前那么恐惧或厌恶。

第一项观察结果是,人是社会性动物。到目前为止,人与人之间的绝大多数交往都是相互合作,达成共识的。人与人之间的交往通常带有中立或积极的性质。(这一项观察结果同样具有深刻的哲学来源;参见亚里士多德的《政治学》第一卷第二章:"人在本质上是一种社会动物。")带有对抗、敌对或攻击性质的交往非常少见,值得注意。

第二项观察结果是,一些人有被归为恐怖主义的暴力行为,他们接受了"洗脑"教育并被鼓励从事这种暴力活动。因此,他们就会有暴力心态,有足够的信念或决心去进行暴力活动。典型的例子是极端暴力,这会造成大量人员伤亡和大型破坏。

从表面上看,这些常见现象和观察结果并不一致,各自都需要一定的限定条件。

---

* 原文语言:英语

A. C. 格雷林(英国)

新人文学院院长,牛津大学圣安妮学院的兼职研究员。他撰写和编辑了许多关于哲学和其他学科的书籍。他的最新著作有《好书》(*The Good Book*)(2011)、《上帝论》(*The God Argument*)(2013)和《思考》(*Thinking of Things*)(2017)。

通信地址:New College of the Humanities, 19 Bedford Square, London WC1B 3HH, UK
电子信箱:ac. grayling@nchlondon. ac. uk

在梳理完这些限定条件之后,我们可以发现教育能够在减少施暴者使用暴力达成目的方面发挥更广泛的作用。

尽管第一个常见现象在一般情况下是正确的,但它并不普遍适用于所有情况。这一点十分重要,因为理性作选择是各项决策的一个重要特征。在医生的手术室、政府办公室、飞机设计车间、制药实验室等场所经常需要人们理性作出选择。对此进行训练是为了让行为更加符合理性的规范或程序。例如,航空公司的机组人员都会接受合理设计的例行训练,这样在面对紧急情况时,飞机和飞机上的所有人都能够尽可能地存续下来。

教育的一个重要目的,就是要培养学生的理性思考能力,帮助学生解决问题。虽然最终教育的结果不一样,人们也不会感到惊讶。即使是受过高等教育的人,也只是在某些时候才会作出理性的选择,或在某些方面能理性判断,他们有时也会受情感因素影响作出选择。经验表明,当人们难以作出决定时,尤其是当时间或耐心已经耗尽,最后的动力往往是非理性因素(笔者将"非理性"和"无理性"区分开来:前者是指无意识地形成的情绪、直觉、情感和习惯,后者是指非理性的子集,包括违背事实的、矛盾的、武断的、不负责任的、自残的思想或行为等)。然而,我们的目标是希望教育能够帮助学生作决定更加理性,这一点往往足以使我们的努力本身更加理性。这并不是必要的,也不是充分的,最多只能说它可以增加这种可能性。

和第一个常见现象相比,第二个常见现象适用范围更小一点。其实,随着越来越了解一个人或一个群体,人们对他们的敌意、怨恨和恐惧情绪也可能会加深,事实也往往如此。因此,如果说人们彼此间了解得更多,就有可能促进友好关系,这种说法其实是不可靠的。或许可以这么说,当文化或种族差异度不大,还不会对互相认可和接受形成很大障碍以至于无法逾越时,是有可能促进友好关系;经验表明,当文化或种族差异显著时,互相认可和接受的障碍很大,即使某个脱离群体的成员可能为人所知和被人喜爱,但人们依然会怀疑整个群体,那么情况就会不同了。

在这种情况下,我们会再次将目光转向教育,以期鼓励人们接受那些外表或行为与自己不同甚至令人不安的人。同样,这既不是必要的,也不是充分的。

笔者一直十分支持开展人文教育——这并不是将科学和技术排除在外;而是将人文教育作为一种必要的补充、一种有价值的追求,原因是它能够对情感和感性教育起到重要作用。认真仔细阅读文学作品、历史语言知识和进行哲学反思,这些结合起来,共同构成了人类关于生命意义的伟大对话。这种对话为人类打开了一扇窗,让人们了解到各种可能性、不同经历和兴趣。但是有些人看问题只从自己的经历和时间地点出发,那么他们就无法了解到这些可能性、经历和兴趣——这些人就无法乘着追求的翅膀俯瞰人类的美丽风景。

作为预防暴力、种族主义、仇外心理和性别歧视的工具,教育既不是必要的,也不是充分的。但若不进行相关教育,人们很有可能无法预防上述现象。人性是可以被哄骗和引导的,正如我们从为人父母的经历中看到的那样:婴儿是无政府主义者,完成让他们社会化的任务就是帮助他们控制他们的消极冲动,即贪婪、愤怒、自私,并且培养他们的积极冲动,即合作、友好、友爱。

在这方面,我们采取的一个重要辅助手段就是给他们讲故事,从故事中说明其行为的后果、危害和好处。人文学科就是概括总结了这些故事,是更加深入、更具挑战性的探索——因为我们当然不希望它们被包含在特定的道德观中,而且确实发现它们会对许多事情的简单假设提出质疑。问题的关键不是人文学科告诉人们如何思考,而是让人们学会自己思考;人们了解事物然后产出自己的思想。

第一项观察结果给这些想法带来了积极启示。人是社会性动物,我们对彼此感兴趣,大多数时间内,彼此双方更多是相互吸引而不是相互排斥。在人与人的交往中,我们更希望彼此能相互合作,而不是心怀敌意。可能性来源于这样一个事实,思想可以发挥作用。几乎所有人都能在第一时间发现他人展露出来的快乐和痛苦;几乎所有人对此都会表现出同情,因喜欢而快乐和因痛苦而困扰。这就是问题的起源。它为驳斥哲学家大卫·休谟提出的所谓"是-应该(is-ought)"的区分提供了依据。休谟指出,我们不能根据对他人的情况或活动的描述,推导出我们应该如何对待他人。在我看来,这似乎是错误的:而且从教育可以影响道德情感的角度出发,我们应该把它看成是错误的。因为教育所做的就是让我们了解哪些想法反映了我们的选择和价值观。

上述言论谈到的希望有一点乌托邦,这的确是事实。但是除了教育,特别是探究人类情感领域的教育,我们几乎没有其他选择,教育能帮助我们走向美好世界。作为教育者,我们渴望自己和学生都能变得成熟;成熟是一种状态,在这种状态下,理性、经验和知识一起管理着情感。暴力是一种原始的表达方式,是一种不成熟的表达方式,对受害者的世界视而不见:教育所希望并努力实现的,是人们能够克服这种原始的情感,从此暴力不再是人与人交往的最后手段,人们也不会使用暴力。

（曹碧涵　译）

解决教育中的暴力问题:从政策到实践

康拉德·休斯 *

在线出版时间:2019 年 6 月 13 日

摘　要　本文主要探索了暴力和教育之间的关系。为此,本文参考了许多批判教育学的相关文献,它们主要研究教育的结构和结果作为一种社会力量如何在诸多情况下存在暴力的可能。在讨论学校中存在的象征性暴力、结构性暴力和身体暴力的基础上,本文探讨了 21 世纪教育所能采取的措施,以使教育能为更和平、包容的世界奠定基础。

关键词　暴力　教育　象征性暴力　结构性暴力　意识形态　等级　公民权教育学

虽然目前世界上大多数国家普遍采用基于和平和人文价值的后启蒙教育模式,历史上大部分的教育结构却往往是暴力的。普鲁塔克(Plutarch)曾描述斯巴达人教授男孩军事技巧和如何不计代价地谋求生存;体罚不仅早在《旧约》中就受到推崇,且至今仍在许多国家广泛使用:时至今日,孩子们依然有可能被杖打、鞭抽、掌掴(UNICEF 2018)。数据显示,近现代体罚往往发生在家庭中,由父母加诸自己的孩子。

---

* 原文语言:英语

康拉德·休斯(南非)

瑞士日内瓦国际学校拉格兰德分校中学部校长及校园主管,并教授哲学。他拥有哲学博士学位(南非威特沃特斯兰德大学)及教育博士学位(英国杜伦大学)。他是民众大学(University of the People,美国帕萨迪纳)的董事会成员及联合国教科文组织国际教育局的高级研究员。他的研究兴趣包括 21 世纪教育、批判性思维、国际教育和评估。他发表了许多同行评议文章。作为日内瓦国际学校的教育主管,他领衔发表了联合国教科文组织国际教育局的纲领性文件《21 世纪学习的指导原则》(*Guiding Principles for Learning in the 21st Century*)。休斯博士之前还出版过《理解偏见与教育:未来教育的挑战》(*Understanding Prejudice and Education:The Challenge for Future Generation*)、《英文 A:国际文凭教育文学读本》(*English A:Literature for the International Baccalaureate*)及《面向 21 世纪的教育:7 个全球性挑战》(*Educating for the Twenty-First Century:Seven Global Challenges*)等著作。

电子信箱:conrad. hughes@ecolint. ch

通信地址:International School of Geneva, La Grande Boissière, 62, Route de Chêne, 1208 Geneva, Switzerland

那么我们究竟在多大程度上摆脱了体罚的阴影？学校现在的表现距离历史上暴力军营的形象又相去多远？我认为虽然学校暴力中最残酷的形式已经逐渐消失，或至少不被公开承认，B. F. 斯金纳(Skinner, 1938)的操作性条件反射学习理论(例如，学习由奖惩机制构成的条件刺激所激发，因此学习是一种暴力)却依然在学习体系中占据主导地位。此外，学校教学的设计本身从某种程度上就是暴力的。

文中还提出只有通过思辨而非臆断的方式来审视学校，才能得到最有效方式来让学校预防暴力而不是激化暴力。

在此我想澄清一点，本文关注的是最糟糕的极端情况，并非认为所有学校都是暴力的。幸运的是，许多教育机构都在明确反对任何形式的暴力，并且他们运营的方式也与本文所探讨的文化大相径庭。但我也要说，没有任何一所学校能幸免于最潜移默化的暴力形式，它渗透于意识形态、结构和社会影响之中。只有带着自我怀疑和批判精神来审视我们的体系才能直击问题的核心。

教育是一种向善的力量

认为教育是一种向善之力的想法是基于教育有能力遏止暴力的前提。这当然不仅是个假设，在本文最后，我会提到证明它的研究。教育在主流话语中被合乎情理地多次提及。其中它被认为是极正面的，能够引导我们走向一个更和平、更有生产力的世界。几乎不需要引证任何资料来证明这些观点：学校教育对社会有益，文学和数学能力是专业和社会融合所必需的；教育是对个人的赋权，因此被剥夺权利的人需要教育；全民教育和全民高质量教育是我们追求的目标；人文和科技服务于社会的进步；正规学习对于个体和人群的福祉都是必要的，以上都是已被广泛认同的假设。政治家、哲人、名人和公知都在不断提醒我们教育的重要性。只有少数人会对此持有异议或者声称教育是一项负面的事业。到底什么人出于何种理由会想要去唱这出对台戏呢？

我的论点是在展开种种关于教育的正面假设前，先对其保持怀疑的态度，这样我们才能看清它的局限、结构和社会影响所可能带来的负面效应。同样，如果能从那些被教育设计孤立者的视角来审视教育，那对我们也是大有裨益的，因为正是他们最有可能偏离教育期望培养的样子，而转向反社会或者潜在的暴力方向。通过从这个视角来思考教育，我们不仅能够反思教育如何避免暴力，还能审视它可能以怎样的方式产生暴力。

批判教育学能帮助我们完成这样的思考，同样我们也需要通过观察来了解学校的运作方式，以及学校对于各种学习者意味着什么，尤其是那些奋力在学校中寻求知识和社会融合的人。

教育的暴力

　　现在让我们探究这种和直觉背道而驰的想法，审视教育的结构以及它的各种宣言和语境是如何创造一种体系的。该体系本身具有暴力性，又或者它用隐喻或暗示诱导人们走向某种形式的暴力。加尔通（Galtung，1969）在其针对和平与冲突的研究中设计了一种冲突类型学。基于这一思路，我将学校中隐含的暴力分为象征性暴力、结构性暴力和身体暴力。

象征性暴力

　　当然，现在已经有很多激进的论点指出了正规教育的局限性，甚至它蕴含的象征性暴力。但本文提及"象征性暴力"时，我想到的是布尔迪厄（Bourdieu，1988）曾用这个词来表示课程中充斥着主导性的意识形态（之后会加以阐述），以及格布纳（Gerbner，2002）指出传统教学体系中对于权力和社会控制的彰显是一种象征性的暴力。在伊里奇（Illich）批判传统的著作《非学校化社会》（*Deschooling Society*）中，他有预见性地倡议将通过互联网的点对点学习（peer-to-peer）作为传统学校的一种替代方式。他提到"义务的学校教育会不可避免地将社会两极化，它还会按照一种国际等级制度，将国家分为三六九等"（Illich 1970，p. 9）。伊里奇认为这种象征性暴力的关键原因之一是"学校推崇的既非学习，也非教育，因为教育者们坚持用学历来包装他们的教学"（p. 11）。

　　换而言之，学校之所以有象征性暴力的趋势，是由于其评分等级制度和对社会排他效应的本质。它将世界人口分为那些受过正规教育的人和没受过的人："有证书的"——他们由此也被赋予了合法权益，和那些没有证书和权益的人。虽然启蒙运动对于提升世界人口的识字率大有帮助，目前世界上 15 岁以上人口中 86.3% 的人已经具备读写能力（Roser，Nagdy，Ritchie 2018），这种高识字率却集中于富有的国家和男性。全球识字率最低的国家分布在撒哈拉以南非洲的部分地区和南亚；而享有高识字率和高国际学生评估项目（PISA）等级的地区是欧洲和东亚国家（FactsMaps 2018）。不仅如此，在全球范围内男性的识字率也比女性更高。以上的事实，都是等级性、象征性暴力的症状，因为有的人能够接受教育，而有的人却不能。

等级制度

　　世界上的几乎每所学校都在划分人类的等级。在某些学习环境中，这一情况只发生在初中的最后阶段，也就是学生面临最终考试的时候，而在其他环境中（无疑包括大部分学校），学生从早期就开始被评分和划分等级。这是一种暴力的过程，因为它物化了人类，并且在人与人之间营造出了一种具有侵略性的竞争，它传达的是有关于人相对价值的信息。对于那些不善于学科学习的孩子来说,学校对他们的评级是沉重的审判,是对考试的畏惧,是失败的耻辱,也是困惑不解造成的黑暗孤独,这些感受无时无刻不萦绕在他们的心头,让他们的世界充满怀疑和恐惧。

> 等级划分是一种世界观的一部分,它源自现代定量、主动的教育方法。它能追溯到对人群正态分布的研究,其中的代表人物是高尔顿(Galton,1892)。他曾有过一段对人类的描述:"人们经常会采用或者暗示这种假设:人人生来相似,唯有持续努力和道德上的不懈追求才能使人和人产生不同,它还经常被用来教导孩子们向善。但我对这种假设是不屑一顾的,我可以用最直言不讳的说法告诉你,我反对这种生而平等的虚伪之词。"(p.14)

等级制度的拥护者们会用"公平世界"的错误逻辑来辩护:在成人社会组织的"真实世界"里,个人就是由他们的工资、职位、身份来区分的。但我们可以拆穿这一逻辑,只需指出:这种所谓的真实世界,也就是社会组织的暴力体系,其实是人类欲望和文化的产物,而绝非"自然"。我们组织自身的方式不用像排他主义者高尔顿拥护的那样采用如此尖锐的形态。我们大可以换一种截然不同的方式。

学校和教育的设计,总体上需要从等级划分转向用更真切、使社会更和谐的方式拥抱和歌颂学习,这种假设已日益被人们接受(详见 Kohn〔2011〕和 Wiliam〔2011〕)。有的体系认为,通过把数字替换成对应的词汇(描述性词汇)——使用相关指标而非正态分布曲线的评估方法——或者用图而非表格来表现学生成绩就能减少对竞争的象征性暴力描述。但是这些尝试基本都是治标不治本,尤其是当下许多高等院校的准入门槛高不可攀,求学者想要进入这些学府压力也越来越大。

伊里奇(1970)还提出所有的机构甚至国家都应按照教育数据进行分级。21世纪的经济合作与发展组织排名和国际学生评估项目得分就是如此,而大学的排名在很多国家中都决定了它们能拿到的补贴。我们最终得到了国家被划分至第一到第三世界的场景,其中第三世界国家,尤其是非洲和拉丁美洲国家的教育体系被认为是低效的,而北欧和东亚的教育体系被认为高度有效。这样一概而论地基于分数对整个体系、地区甚至国家进行评判,就意味着这些分数具备攻击性的评判作用,其殖民主义的态度甚至到了象征性暴力的程度。我们或许忘了这些低分的学校、大学、地区和国家或许本身就运行良好,只是它们的价值体系和目前在全球占据主导地位的实证主义价值体系有所不同。

这种新殖民主义的权力聚集可以从许多机构,尤其是北美和英国教师占多数的国际学校中感受到。他们具备的优势不仅仅是语言,还有他们证书授予的国家。从撒哈拉以南非洲、南亚和南美这些地方获取的资质认可,似乎不如那些从英国、西欧、澳大利亚、加拿大和美国诸州获取的资质。这种现象在很多方面都是极为侮辱性和暴力性的，在此我不需加以赘述。学校应该遵循如联合国这样的国际组织的政策，来确保他们的教育和领导团队能够保持良好的多样性。

灌输式教育

学校教学中的象征性暴力也体现在选择课程设计上。我们不该天真地认为课程设计能独立于它所处时间地点的意识形态、社会及经济力量。我们可能倾向于认为好的课程选择应单纯基于学习理论，但这只是一厢情愿罢了；哪怕学习理论本身都深受文化信念影响。教育背后的理念是更广泛社会目标的体现。正因如此，卢梭(1762)关于自然、独立理想学习者的伦理模型反映了18世纪日益高涨的革命情绪；维果茨基(1978)的社会构建论则是苏联集体主义的体现；杜威(1916)的民主课堂则是美国更广泛自由政治哲学的缩影。没有任何认知模型可以独立于历史、压力、文化和经济之外。

我们希望培养年轻人用批判、知识自由和自我决断来审视周遭的世界，并产生他们自己的意义。但是教导者或考试委员会选取的历史话题和必修的文学作品，其实都在决定着一种意识形态，甚至在看似独立于这种社会价值影响的科学、数学等客观领域，它们的教学方法也是如此的。这一点在后殖民主义文学作品中就有所体现，它们清晰地传达出一种孤立感，被那些强加到身上的文化信息所孤立，因为它们描述的世界，对于殖民地的人来说根本无从寻找。

> 我们所读的书无论是英文的，如弥尔顿《失乐园》和《复乐园》、华兹华斯有关英伦的诗篇，还是泰卢固语里迦梨陀娑（Kalidasa）的《云使》(Meghasandesham)、博梅拉·波坦纳（Bommera Potanna）翻译的《博伽瓦谭》[1](Bhagavatam)、喃纳亚(Nannaya)[2]和蒂卡纳(Tikkana)[3]翻译的《摩诃婆罗多》[4](Mahabharatham)，它们于我们而言有什么不同呢？无非一个是26个字母写成、一个是56个字母写成，我们无法和其中任何一个产生共鸣，在自己的生活中无处寻觅它们描述的情景。(Ilaiah 1996，p. 15)

我们需要关注后殖民主义的范例并不仅仅因为它讲述了殖民教育在教学科目上的暴力，这一主题已经由弗莱雷(Freire)、津恩(Zinn)、恩古吉(Ngugi)和吉鲁(Giroux)进行过分析。我们关注它更是因为一种重要马克思主义观点，课程的选择正

---

① 《圣典博伽瓦谭》(Shrimad Bhāgavatam)又叫《巴嘎瓦特往世书》(Bhāgavata Purāna)，简称《博伽瓦谭》。这部巨著被称为外士那瓦的《圣经》，由博梅拉·波坦纳自梵文翻译成泰卢固语。卷帙浩繁的巨著《博伽瓦谭》，包罗万象，涉及历史、心理学、政治、宇宙哲学、形而上学和神学。19世纪美国超验主义者罗菲·沃尔多·爱默生曾赞扬《博伽瓦谭》是一部应该"跪着"读的著作。——译者注

② 公元11世纪泰卢固诗人。——译者注

③ 公元13世纪泰卢固诗人。——译者注

④ 《摩诃婆罗多》是享誉世界的印度史诗，和《罗摩衍那》并列为印度的两大史诗，它的翻译由三位泰卢固诗人历经数百年完成。——译者注

被利用来宣扬一种意识形态。教育事业正在将知识的信仰体系、行为和获取方法常规化和法律化。在大多数的体系中，如布尔迪厄(1988)所言，课程中所灌输的是一种中产阶级文化，它宣扬服从、经济生产力、为特定工作岗位做好准备和某种特定的品味。

阿普尔(Apple，2015)就清楚地指出：

> 教育的目标和指引经济发展与社会福利的目标是一样的。其中包括自由市场在人们口口相传、雄辩滔滔中不断膨胀；政府对于社会需求的责任显著减小；校内外流动性的竞争结构日益强化；人们对于经济安全的期望不断减少；对文化和身体的约束以及社会达尔文主义以某种形式泛滥。(p.4)

最初，这似乎是言过其实，但是仔细想想数学和科学在学校体系中的主导地位、对于合作和创造等工作技能的强调、最近对于新科技的痴迷和四大科技公司(Google，Apple，Facebook 和 Amazon)的榜样作用，你应该就能明白这绝非夸张。同样重要的是，那些没被选入课程的东西：有多少学校会去研究刚果的战争、当代中东的冲突、非洲和澳大拉西亚(一般指大西洋的一个地区，包括澳大利亚、新西兰和邻近的太平洋岛屿等)的文学，或者委内瑞拉和澳大利亚土著居民的困境？历史课上有多少时间被花在教授战争而非如何反对战争上？有多少学生深入研究过殖民和奴隶交易的恐怖或者纳特·特纳(Nat Turner)[①]、托马斯·桑卡拉(Thomas Sankara)[②]、巴卡特·辛格(Baghat Singh)[③]和帕特里斯·卢蒙巴(Patrice Lumumba)[④]这些权力结构的反叛者？

这些意识形态阶层微妙地潜藏于教育设计、话语和课程内容的选择中。它们具有象征性暴力，是因为这些意识形态是新自由主义世界观的一部分。这一世界观摒除了其他社会更新和变化的可能性，而后者恰是土著文化知识体系中的遗珠。正如阿普尔(Apple，2015)所言："西方的强硬推手和许多教育话语中文化单一的世界在许多人口日益多元的国家中摧毁了文化和语言的传承。(p.900)"英语在大多数公、私立学校，甚至很多国际学校中成为授课语言的事实就是对语言多样性的一种暴力行为。

结构性暴力

服从

传统的学校布局是基于监狱的建筑图来构建的，福柯(Foucault)在他影响深远

---

① 19 世纪美国黑人奴隶起义领导者。——译者注

② 布基纳法索政治家、国务活动家、军事家，马克思主义革命家、泛非主义理论家，布基纳法索总统(1983 年 8 月 4 日—1987 年 10 月 15 日)，被称为"非洲的切·格瓦拉"。——译者注

③ 印度独立运动的领导人之一。——译者注

④ 非洲政治家，刚果民主共和国的缔造者之一。——译者注

的著作《规训与惩罚》（*Discipline and Punish*）中就提出了这一点。就像监狱和医院，学校的主要功能是管理和控制一大群人。边沁（Bentham）的"圆形监狱（panopticon）"设计在大多数学校中都可以找到。在这种"圆形监狱"设计中，权力的凝视总是掌握在少数人手里，也总是居于最核心的地位，而这种设计在学校里的体现则是走廊、四方的庭院、操场、立柱、过道，还有其他便于进行有效监视的场景（Foucault 1975）。

　　这种情况在教室里更加显著。通常情况下，老师都是站着，学生面朝老师一排一排坐着。除此以外还有很多控制的手段，比如登记注册、缺勤管理，更不用说诸多惩罚措施（停课、留堂、开除），这些都是传统权力结构的变体。

　　最终，这种结构性的胁迫会导致服从：学生被要求在等待或者进出时排队，被要求根据命令起立和坐下，被要求举手、保持沉默、记笔记，也被要求努力，等等（英语中形容词"docile"表示驯化的、服从的，它来自拉丁语"docere"，意为教学。而在荷兰语中的学生一词依然是"docent"）。如果一个学生站起来大叫说这是一个可憎的班级，或者直接走出教室，在大多数学校中他都会面临极为严重的后果，即使是在最具前瞻性的教育机构里也是如此。这不仅是要在带大孩子的时候立好规矩和纪律，又或像有人认为的是一个实用且必须的过程。这样的现象在大学或者学院里也很常见：这说明即使是年轻的成年人，也在学校办学的结构里被动地接受着权力。

有关学生的话语

　　就其本身的功能和体系而言，学校鼓励这样的话语：我们会谈论"好学生"和"坏学生"，老师会抱怨学生"不够专注""影响他人""干扰别人""不够尊重"，等等。雷泽（Razer）和弗里德曼（Friedman）（2017）在他们的《从排他到卓越》（*From Exclusion to Excellence*）一书中就提到这样的话语会变得暴力；他们引用了现实生活中教师们具有排他性和隐含抛弃意味的话语。以下段落来自一位五年级老师：

> 他不来学校两周了，我觉得终于可以正常授课了。周一他回来的时候，我告诉他："你两周没来，班级第一次可以正常开展上课。你对这有什么想法？你不来大家都可以学东西了，你怎么看？"（p. 32）

　　在这一真实案例中，作者还记录了其他老师对该事件的反应，他们说："干得好！""做得对，你不能让他这样毁掉你的课！""我们不能让一个学生影响所有人的学习。"（p. 33）

　　从上面的例子中可以看到，有问题的学生（大约10或11岁）是如何被污蔑、排挤和贴标签的，也可以看到老师们在针对这位男孩上是如何相互支持的。指控一个孩子阻碍其他孩子学生是非常夸张和暴力的：其实这个孩子只是喜欢和其他孩子聊天或者在班里逛来逛去。指控某人干扰他人学习的权利是一件非常恶毒的事情，尤其是当它出自正式法律意义上的成年人，而指控的对象是脆弱、不成熟和笨拙的年轻人。

我们在官方文本中用来描述学生学习表现的词汇都倾向于功利主义、实用主义和生产效率导向的视角。学生的"努力"会得到表扬；他们的作业会被评价为"差"或者"中"。我们经常会说"全优生"和"差生"，当我们使用符号、字母或者数字时，对于人们经历的量化就变得更加具有侵略性和等级性，也因此具有暴力性。

正如福柯（1975）分析的那样，权力会用机构性语言来掩饰自己。在教师有关学生学习成绩的话语句法中，这种学生和老师间的主从关系似乎不见了。一个学生会被描述为"擅长"或者"不擅长"数学，看似描述的是学生和这门学科之间的关系，但是事实上这是在数学架构下老师和学生之间的关系。"她是一个擅长文学的学生"应该被转译成："在我教的班级里，根据我的衡量标准和偏好，我认为她擅长文学。"一个具有权威的教师作为叙述者隐藏在"她是一个擅长文学的学生"这种说法之后，被妥善地保护起来。他是一个全知全能的讲述者，支配了这句话的对象和宾语，但避免让自己显身为这句话的主语。

最后，还有许多缺乏训练或者情感冲动的管理者会用笨拙的语言向学生表达自己。这种系统性暴力的词句有很多，诸如"你让我失望了""你不该那么做""你不懂""你没听我说"等等。这已然成为一种情感暴力，伤害了学生自尊和自信。我们要记住，暴力的不仅是语言内容，更重要的是这些话语是由一个成年人在一个权力极度不平衡（而且双方年龄相差很大）的环境下对一个孩子说的。孩子们往往将老师视为一个权威角色，因此当老师带着负面评判和否定俯视他们时，会造成尤为巨大的心理伤害：这会成为对整个人的评判，对个性和品行的全方位责备。

那些在学校里遇到困难的学生除了遭受到来自学校或机构的暴力性评判（比如"你会不及格！"），和来自教师们火上浇油的暴力语言，我们同样不能忽视他们面临的第三重暴力：来自家长的暴力。他们可能因为最近的成绩报告而失望，于是以某些压力手段将情感发泄到孩子上。这种情况包括多种心理上的欺诈（"如果你下次成绩变好的话，我就会奖励你 A 或者 B！"）或者威胁（"如果你下次成绩还不好，我就会做 X 或者 Y 作为惩罚！"），甚者还有明目张胆的惩罚措施，比如大声责骂乃至身体暴力。

我们必须退一步来整体地看待师生关系中蕴含的极端结构性暴力，可以运用黑格尔的主奴辩证法（Hegelian master-slave dialectic）进行分析。这对关系中，教师被赋予了潜在权力。在他或她的手中握有学术守门人的双重权力：作为最终裁决人，决定学生是否能够进入下个年级；在行为规范方面，评判一个学生的举止是否能被社会接受。

教师的权力由于长期封闭的权力结构得以进一步加强：教师不仅决定一个学生及格与否，还能决定学生的最终评语，因此他们能间接影响学生接受高等教育的机会，并由此影响他们之后人生的职业机会。如果一名教师不喜欢一名学生，并选择通过惩罚性评语（尤其是在艺术或者人文这样具有主观发挥空间的学科里）来表达这种情感的话，学生是没有什么机会和权利来寻求正义和帮助的。在这样的机制里，学生只能无助地落入导师的手中。我们也应该注意到，大学里的指导老师（guidance counsellors）和其他能够给学生写推荐信的人也拥有巨大的权力。

这就是为什么保证学生评估公正的条款尤其重要，比如在评价体系中要包含外部评价（应当匿名进行）以及教师评分的合理化。他们能够保护学生免受权力滥用之苦。

身体暴力

霸凌和社会排斥

我们要记住霸凌会直接导致学校暴力。一项由莫德基（Modecki）等人（2014）进行的元分析显示，调查期间在全美 12—18 岁的学生中，传统霸凌和网络霸凌的流行率分别为 35％和 15％。对于许多学生来说，学校是一个潜伏着施暴者和施暴团体的地方，他们乐此不疲地日复一日骚扰和迫害受害人。

除霸凌以外，学生也会由于其他学生的社会性排斥行为而受到身心伤害（教师也经常受到学生主导的暴力行为。根据 2009 年教育科学学院针对校长进行的犯罪和安全调查显示，有近 17％的校长曾遇到或者切身经历过学生的口头谩骂〔Dinkes，Kemp，Baum 2009〕；英国教育部报道称 2011—2012 年间有 17 520 次开除是由于针对成年人的人身攻击〔HSE 2018〕）。对于大多数青少年，学校最重要的吸引因素是伙伴间的关系，所以当他们被一个团体排斥的时候会感到痛苦和孤立。学生在伙伴面前被羞辱的原因有很多，比如身体外观和衣着等。排斥或许是最严重的暴力行为之一，有可能导致自杀等多种严重的后果。

性骚扰

有人认为人们在教育机构的学习中培养出了崇尚精神和智慧的文化，它们可以规范人们的行为，但不幸的是，事实往往并非如此。据英国教师工会披露，有超过1 200 名女性教师"在学校中被同事、经理、家长，甚至学生性骚扰。她们中近三分之一曾遭到肢体接触骚扰（30％），而三分之二的人（67％）遭受过针对她们外表或身体的无礼评论"（Bates 2018）。

一项英国议会女性和平等委员会进行的研究称："在 2016 年 29％的 16—18 岁女孩遭受过肢体接触骚扰"（WEC 2016）。

以性交换分数

以性换取分数是一种尤其暴力的行为,它不仅反映了性骚扰问题,还体现了学校中根深蒂固的权力不平衡。这种现象主要的形式是教师要求学生以性方面的贿赂来换取分数。这在非洲尤为普遍,根据综合区域信息网(Integrated Regional Information Networks)的一项研究显示:

> 在乌干达的研究发现,16—17岁的女孩当中有8%和她们的教师发生过性行为。在南非至少三分之一的孩童强奸案是学校员工所为。在一项针对贝宁(西非中南部)十个村庄的研究中,34%的孩子证实学校中存在性暴力。(IRIN News 2008)

这种极端的身体暴力虽然形态不同,也较少被公布,但在大学里并不罕见。教授、讲师和学生间不平衡的权力关系清晰地以性的方式展开。一项针对英国大学的研究称:

> 在英国大学中,对学生性骚扰的普遍程度已经达到了流行的程度。大部分大学没有有效机制来防止员工对学生施压,并逼迫他们与之发生性关系,并且针对这种情况的任何惩戒行为都不痛不痒。(Batty, Weale, & Bannock 2017)

我们还能更进一步讨论大学中权力和暴力的问题。权力的不平衡(尤其是在较高学位情况下),至少可以说是充满问题的。教授对学生而言扮演着守门人的角色,他们代表着强大的权力,而现在没有什么能保护学生不受权力滥用的影响。在读博士学位时尤其如此,因为学生和导师往往是一对一的关系。对想要获得更高学位的学生而言,教授必然会占有心理和职业上的权力优势,当两者意见发生分歧时,弱势中学生的话语不但要对抗教授的话语,更要对抗这种权力。不幸的是,大学是一个可以真正滥用权力的地方,而且这种情形屡见不鲜,不论是针对助理教员(Shaw 2014)还是针对学生(Amienne 2017)都是如此。

改进方法

本文并不只为描绘学校残酷的真实情况。我认为好的学校领导和老师对于学生而言至关重要。好的老师有开明的思想和自我批判精神,他们能够换位思考学校对于那些在学习和社交上面临困难的学生是什么样的,而且他们还能够避免暴力——这就意味着避免抛弃和排斥学生。我们必须肯定管理者和教导者的善意,但是也不能对教育中确实存在的暴力视而不见(参见 Waite and Allen 2003)。

暴力极端主义目前在全球愈演愈烈。根据《数据看世界》(*Our World in Data*)(Roser, Nagdy, and Ritchie 2018)，自 1980 到 2014 年，全球死于恐怖袭击的人数翻了十倍，从 4 400 人上升到 44 490 人。联合国教科文组织(UNESCO)的文件显示："从 2001 年到 2017 年，仅美国政府在对抗恐怖主义方面的支出就高达 1.78 万亿美元。欧盟的该项花费据估计已经从 2002 年的 570 万欧元上升至 9 350 万欧元。"(p. 10)

近年来，人们已开始关注如何用教育预防暴力极端主义(Davies 2018；Hughes 2018；UNESCO 2017；UNESCO 2018)。联合国及其机构，如联合国教科文组织，已经提出了一些行动以通过教育战略减少暴力极端主义。

目前，针对教育暴力这一特定领域的研究仍不算多，但是研究员已开始探索什么样的教育方式可能减少学习者中的暴力极端主义。比如联合国教科文组织委派了 32 项案例研究(UNESCO 2018)来提供教育方法上的建议。该研究称："通过消弭暴力极端主义的起因、培养学习者的韧性，使他们能够寻找建设性、非暴力的方法来应对生活中的挑战，而高质量的相关教育可以帮助创造一个暴力极端主义难以渗透的环境。(p. 8)"研究确认的核心教育方法包括体验式学习、角色扮演和对等学习(p. 4)。这些建设性的方法论确保了学习能成为学习者间的讨论，促使人们寻找可行、和平的方法来解决问题。休斯(2017, 2018)和联合国教科文组织(2017)的研究提出了其他的考虑，下文将对其进行讨论。

后殖民主义思想

学者们往往从后殖民主义思想的角度来看学校，因为"后殖民主义想象的作品会颠覆现有的权力关系、质疑权威、动摇传统的身份认知"(Dimitriadis, McCarthy 2001, p. 10)。在这一方向上关键一步是要鼓励对历史、地理和国家建设的学习，并认识到多样性是一种力量，不同的观点对以上学科平衡和良性发展是必需的。

在我的《理解偏见与教育》研究中有一章名为"超越他者的教育(*Educating Beyond the Other*)"，其中我讨论了对于文学和历史的学习可以减少历史偏见和暴力帝国主义的描述，这样的描述在传统课堂上备受推崇。通过学习被压迫者、边缘化者和压迫双方的历史，学习历史变成了一项更有活力，也更具包容性的活动。印度尼西亚穆哈玛迪亚(Muhammadiyah)伊斯兰学校的课程就是一个很好的例子。"这些课程更多元，比如在世界宗教这样的课上，学生们能通过更坦诚和开放的讨论，学到有关所有的宗教的知识(Ranstorp 2009, p. 6)。"而这一教育体系设计的重要组成部分就是把性别问题考虑在内，并确保"在学校的范围内，女性，尤其是年轻的女性，能在学校风气的问题上获得发声的机会"。(UNESCO 2017, p. 43)因为在世界范围内，女性往往成为暴力，尤其是极端主义暴力的主要受害者。

后殖民主义的方法将教育视为一种陈述，它总是能看到其他的可能性、总是能被颠覆、总能从他人的视角进行叙述。这就解放了教育设计,使它摆脱了庞大和僵化体系的束缚,这一体系会对与其初衷不同的人表现出进攻性。约翰·伯格(John Berger)曾说过"没有任何一个故事会被当作唯一的版本了"。这句话也被阿兰达蒂·洛伊(Arundhati Roy)用在她影响深远的作品《细微事物的上帝》(*The God of Small Things*)中,作为全书的引言。

包容对话的教学方法

包容的教育方法重视尊重、学校中的语言和如何创造包容的课堂文化和关系。哈佛大学教育学研究生院的"零"项目(Harvard Graduate School of Education 2018)和马修·李普曼的《儿童哲学》(Lipman 1991)都详细阐述过这种策略。基于讨论的模式允许公开讨论课堂中的紧张和焦虑,而在教师驱动的非对话环境中它们往往会愈演愈烈。罗克齐(1971)提出公开讨论敏感问题会使学习者看待社会的方式不那么极端,这种效果可以持续多年。理查特(2016)提出了一个有关包容性语言方法的例子,可供教育者们参考:"建造思考的文化需要构建学习者的团体。运用集体代词比如我们、我们的,可以传达一种我们是一个团体的信息,而且教师也是这个团体的一部分。反之,主要使用我或者你这样的代词,就会产生距离感,并且强调权力和控制。"

儿童哲学教学模式非常有力,它赋予了学习者完全的权力,使他们不单是讨论者,还是调停者和观察者。它教学习者如何批判地问询,以及其他技巧来进行卓有成效、充满尊重、积极倾听的讨论。另一些包容性对话能够减少暴力的例子来自托尼·布莱尔(Tony Blair)全球变化研究院的"关键对话"项目和英国正义联结(Connect Justice)组织提出的"团结合奏(Unity Jam)"倡议。在极端主义暴力问题上,研究指出对话应当包括各种角色的社区参与者,包括原极端主义者、宗教团体成员和年轻人。通过将教育对话拓展至课堂之外、社区之中,我们可以让联系和讨论更加牢固和重要。

数字公民教育

网络上有许多交流活动,也有很多暴力描述,所以学习者和教育者都要有能力去小心和批判性地使用网络。联合国教科文组织为网络公民提出了三种方式来减少极端主义暴力的蛊惑:

- 数字读写教育:对网络内容的认知、创造和思辨能力;
- 数字抗压风险能力:管理网络风险的能力;
- 数字权利和责任:认识到获得 ICT 的权利和隐私权,同时维护和尊重他人的权利。(UNESCO 2016)

教育缔造更和平的世界

上述方法可以预防个人和团体中的暴力，但它们仅是整体中的一环："教育可以预防个人在暴力极端主义影响下的暴力行为，而提供高质量的相关教育能创造一个暴力极端主义和行为难以传播的环境，尤其是教育政策可以确保学习的场所不会成为暴力极端主义的温床。"（UNESCO 2017，p. 22）

我们不能撇开外界加剧、触发和强迫的要素，而单纯把暴力看作个体内在发展的东西。如果我们盲目假设学校可以纠正个人，而不首先思考目前学校在本身运营中是否对个体暴力思维方式的产生负有责任的话，那我们就失去了一次深入自我批判和反省的机会。如果我们要解决更大的、学校之外的教育问题，那么很快我们就能看到社区、同伴、长辈和父母在塑造年轻人价值观方面的重要作用，尤其是许多针对年轻人和女性的暴力是发生在家庭中的。暴力不会凭空产生，它的源头和社会背景密不可分。

如果我们假设教育整体而言是完全积极的，而不从它的话语中发现问题或者批判性反思教育为何会让人感到不悦的话，我们就不能在教育行为的范围和局限上获得更丰富的自我了解。对于教育普遍有益的想法进行解构和怀疑，使我们能对在学校高墙内挣扎的孩子们产生共情，他们是反叛者和颠覆者、"坏孩子"和"高中辍学的孩子"。

要理解学校对于那些个人意味着什么，这样教育者就可以调整自己的语言、行为和标准，来使他们感到更被包容、更受欢迎、更富想象力。这种理解能将我们从学校潜藏的苛政中解放出来，它正悄然使许多学习者远离学校，也远离学习，更有甚者可能终生失去学习的机会。如果我们希望他们留在学校，并尽可能从中受益的话，我们就必须看到和理解学校中的暴力，并进一步反思自身，尽管我们看到的或许并不是我们所乐见的。

让我们的学校、大学和教育之网的每一根纤维都充满包容、多元、倾听、讨论、欣赏、积极、自我认知和思辨。

愿我们在这个世纪设计的评估系统能够从标准化分配和评级转变为更加发展、快乐、共享的系统，来歌颂学习的成就、彰显个人或团体成绩，而非学生的互相竞争。愿我们的教师、教授和管理者们，运用好他们的权力，在其位谋其政，高风亮节；永不滥用权力，不把教育的神圣使命变为一种剥削。

愿我们彼此互动传达信息的途径、传播知识构建能力的方式、了解历史和文化的方法都能反映出对人性尊严和和平之美的珍视，而非战争、政府和帝国主义的教条。让我们讲好正确的故事。

本期特刊概览

本期《教育展望》特刊将主要探讨暴力和教育的关系。其重要性主要基于以下两个原因：

首先，教育最重要的目标就是影响个人、集体和社会公益（Marope，Griffin，and Gallagher 2018）。理解教育怎样才能减少暴力是完成这一目标的重要路径。

其次，我们的世界在很多方面都在变得暴力。不仅是身体暴力，还有意识形态的暴力，以仇外心理和演讲的形式彰显着自己的存在。在欧洲和美国抬头的极端主义观点就是一个例证。

本次特刊的作者们将会从理论、意识形态、方法论和个人的方式探索暴力的元素和前身，以及教育和暴力的关系。通过这些文献我们能理解这种关系的深度和复杂性，我们的应对需要研究的支持，也应该更巧妙、大胆。

观点/争鸣

A. C. 格雷林(A. C. Grayling) 提醒我们对抗暴力的教育需要两个前提：首先，暴力往往源自情感冲动而非缜密的逻辑思考；其次，人际关系可以逆转大部分导致暴力的狭隘自闭。而且他还提倡良好教育的古老原则——人性，并进一步解释了这种主观事物可以被用来教导学习者们如何用微妙的同情和理解来为自身、他人和周遭的世界思考，如果对蕴含人性的伟大作品进行深入地思考和学习，是迈向减少暴力的一步妙招。

专栏文章

本期特刊包含了四份对教育研究和理论贡献显著的最新文献。

E. 多伊尔·斯特维克(E. Doyle Stevick) 掷地有声的观点认为，种族主义不仅是一种心理建设，而且是政治领袖用以谋求意识形态利益的政治手段。斯特维克提醒我们要牢记人性从大屠杀中学到的教训和当代美国社会政治环境敲响的警钟。种族主义需要被深刻地反思，这样才能产生有意义的理解，了解它是如何被用来驱动思想和信念的。

劳拉·利古力(Laura Ligouri) 指出神经心理学的研究揭示了极端主义思维方式的许多方面。她在出色的报告中提出"人权卫士们太过强调人权的概念，而对于驱动反社会行为的重要过程和倾向缺乏思考"。她提出如果我们要全面解决暴力态度问题，就需要更多的科学分析。通过对内群体偏好、外群体组织、残忍行为和幸灾乐祸的神经心理学结构研究，劳拉公布了一种西方极端主义的统一理论（UTWE），并将其作为理论模型来理解西方世界，尤其是美国的极端主义思想。西方极端主义统一理论作为一种强有力的工具可以运用在教育模型中，帮助我们理解暴力思想和行为的根源。

娜塔莉·弗莱彻（Natalie Fletcher）带来一个教育实践的愿景——用儿童哲学教学模式（P4C）来解决刻板印象问题。儿童哲学教学模式是一种教育哲学，也是教育方法，它提倡学习者用一种架构化的、妥善引导的方式来讨论重要问题。儿童哲学教学模式可以逆转一些僵化的刻板印象，如果这一过程得到熟练的辅导，思维过程得到"指引"，且在紧要关头（如参与者表现出刻板印象的时候）有老师傅的介入，则儿童哲学教学模式的效果会尤其显著。刻板印象是很多暴力态度和行为的核心起因，弗莱彻提倡以合作心理学问询为核心实行谨慎的教育策略来解决这一问题。

最后，费利萨·蒂比茨（Felisa Tibbitts）为共通价值提供了强有力的理论基础。她指出历史上有两种实现共通价值的方法：第一种是普遍主义学校，其认为不论有何文化和背景，共通价值都是优秀的（类似康德主义）；另一个是特殊主义学校，它根据文化和当地标准来看待价值。对此，她提倡一种融合的方法，它结合了能对抗特定地区背景压力的超文化伦理模式。这种混合的方式能在人权教育的综合模型中得到良好展现，蒂比茨建议可以把人权教育的综合模式作为对抗暴力的手段。

本期《教育展望》特刊主要围绕暴力和教育展开，并更细致地谈论如何通过教育来预防暴力极端主义，给我们提供了宝贵的见解和经验，帮助我们为更美好的世界而奋斗。

（姜朝骁　译）

参考文献

Amienne, K. A. （2017）. Abusers and enablers in faculty culture. *Chronicle of Higher Education*. https://www. chronicle. com/article/AbusersEnablers-in/241648.

Apple, M. W. （2015）. Reflections on the educational crisis and the tasks of the critical scholar/activist. *Nordic Journal of Pedagogy and Critique*，1，117. https://doi. org/10. 17585/ntpk. v1. 90.

Bates, L. （2018）. From lewd comments to upskirting: Female teachers speak out about sexual harassment. *Guardian*. https://www. theguardian. com/lifeandstyle/2018/may/29/lewd-comments-upskirting-women-teachers-sexual-harassment .

Batty, D., Weale, S., & Bannock, C. （2017）. Sexual harassment 'at epidemic levels' in UK universities. *The Guardian*. https://www. theguardian. com/education/2017/mar/05/students-staff-uk-universities-sexual-harassment-epidemic.

Bourdieu, P. （1988）. Social space and symbolic power. *Sociological Theory*，7，18－26.

Davies, L. （2018）. Review of education initiatives in countering extremism internationally: What works? Report 5. Gothenburg: Segerstedt Institute, University of Gothenburg. https://segerstedt insti tutet. gu. se/digitalAssets/1673/1673173_review-of-educational-initiatives-1801-10. pdf.

Dewey, J. (1916). *Democracy and education*. New York, NY: Macmillan.

Dimitriadis, G. , & McCarthy, C. (2001). *Reading and teaching the postcolonial*. New York, NY: Teachers College Press.

Dinkes, R. , Kemp, J. , & Baum, K. (2009). *Indicators of school crime and safety: 2008*. Washington, DC: National Center for Education Statistics.

FactsMaps (2018). http://factsmaps. com/.

Foucault, M. (1975). *Surveiller et punir*. Paris: Gallimard.

Galton, F. (1892). *Hereditary genius: An inquiry into its laws and consequences* (2nd ed.). London: MacMillan & Co.

Galtung, J. (1969). Violence, peace, and peace research. *Journal of Peace Research*, *6* (3), 167 – 191.

Gerbner, G. (2002). *Against the mainstream: The selected works of George Gerbner*. New York, NY: Peter Lang.

Harvard Graduate School of Education (2018). *Project Zero*. http://www. pz. harvard. edu/.

HSE [Health and Safety Executive] (2018). http://www. hse. gov. uk/.

Hughes, C. (2017). *Prejudice and education: The challenge for future generations*. Oxford: Routledge.

Hughes, C. (2018). *Educating for the 21st century: Seven global challenges*. Leiden: Brill and UNESCO IBE.

Ilaiah, K. (1996). *Why I am not a Hindu: A Sudra critique of Hindutva philosophy, culture and political economy*. Calcutta: Samya.

Illich, I. (1970). *Deschooling society*. New York, NY: Harper & Row.

IRIN News (2008). "Sexually-transmitted grades" kill quality education. *IRIN News* (October 10). http://www. irinnews. org/feature/2008/10/10/% E2% 80% 98sexually-transmitted-grades%E2%80%99-kill-quality-education.

Kohn, A. (2011). The case against grades. *Educational Leadership*. https://www. alfiekohn. org/article/case-grades/.

Lippman, M. (1991). *Thinking in education*. Cambridge, UK: Cambridge University Press.

Marope, M. , Griffin, P. , & Gallagher, C. (2018). *Future competences and the future of curriculum: A global reference for curricula transformation*. Geneva: UNESCO IBE.

Modecki, K. L. , Minchin, J. , Harbaugh, A. G. , Guerra, N. G. , & Runions, K. C. (2014). Bullying prevalence across contexts: A meta-analysis measuring cyber and traditional bullying. *Journal of Adolescent Health*, *55* (5), 602 – 611.

Ranstorp, M. (2009). *Preventing violent radicalization and terrorism: The case of Indonesia*. Stockholm: Swedish National Defence College.

Razer, M. , & Friedman, V. J. (2017). *From exclusion to excellence: Building restorative relationships to create inclusive schools*. Rotterdam: Sense and UNESCO IBE.

Ritchhart, R. (2016). 10 things to say to your students everyday ... *and why they are important*. http://www. ronritchhart. com/ronritchhart. com/COT_Resources_files/10% 20Things%20to%20Say%20to%20Your%20Students%20Everyday. pdf.

Rokeach, M. (1971). The measurement of values and value systems. In G. Abcarian (Ed.), *Social psychology and political behavior* (pp. 611 – 640). Columbus, OH: Charles Merrill.

Roser, M. , Nagdy, M. , & Ritchie, H. (2018). *Terrorism*. https://ourworldindata. org/terrorism.

Shaw, C. (2014). Bullying in universities: Three staff members share their stories. *The Guardian*. https://www. theguardian. com/higher-education-network/2014/dec/16/bullying-in-universities-three-staff-members-share-their-stories.

Skinner, B. F. (1938). *The behavior of organisms: An experimental analysis*. New York, NY: Appleton-Century.

UNESCO (2016). *A policy review: Building digital citizenship in Asia and the Pacific through safe, effective and responsible use of ICT*. Bangkok: UNESCO Bangkok Office. https:// unesdoc. unesco. org/ark:/48223/pf0000246813.

UNESCO (2017). *Preventing violent extremism through education: A guide for policy-makers*. Paris: UNESCO. https://unesdoc. unesco. org/ark:/48223/pf0000247764.

UNESCO (2018). *Preventing violent extremism through education: Effective activities and impact*. Policy brief. Paris: UNESCO. https://unesdoc. unesco. org/ark:/48223/p-f0000266105.

UNICEF (2018). *All you want to know about corporal punishment*. New Delhi: UNICEF.

Vygotsky, L. S. (1978). *Mind in society*. Cambridge, MA: Harvard University Press.

Waite, D. , & Allen, D. (2003). Corruption and abuse of power in educational administration. *Urban Review*, 35, 218 – 296. https://doi. org/10. 1023/B:URRE. 0000017531. 73129. 4f.

WEC [Women and Equalities Committee] (2016). *Sexual harassment and sexual violence in schools*. 3rd Report of Session 2016 – 17, House of Commons, UK Parliament (September 13). https://www. parliament. uk/business/committees/committees-a-z/commons-select/women-and-equalities-committee/news-parliament-2015/sexual-harassment-and-violence-in-schools-report-published-16-17/.

Wiliam, D. (2011). *Embedded formative assessment*. Bloomington, IN: Solution Tree Press.

种族主义是一种策略吗？关于种族极端
主义暴力敏感性、显著性和预防失败的反思

E. 多伊尔·斯特维克*

在线出版时间：2019 年 6 月 22 日
©联合国教科文组织国际教育局 2019 年

摘 要 人类本身就易受极端意识形态的影响。更人性化的教育方法将有助于我们减少对他人的偏见，也有助于我们认识到种族主义和其他破坏性世界观的脆弱性。作者回顾了 20 年前暴力种族极端主义爆发的经验教训，以及从大屠杀相关教学中获得的见解，认为个人对极端主义教条的易感性和体制上的脆弱性，使种族主义等学说不仅是意识形态上说服他人的有效工具，也是使各种身份类别更加突出的策略。例如，种族主义言论不需说服美国白人就可以获得成功；只要"种族"这一类别变得更加突出，而他们能感受到自己在种族主义语境中的定位，种族主义就可能达到了目的。

关键词 种族极端主义 防止种族极端主义 白人至上主义 种族主义
种族

1999 年春季学期，我遇到了一个安静的年轻人，他改变了我的生活。在很多方面，他和我当年很像——一个州立大学的白人男性青年，来自美国北部郊区一所表现优异但种族隔离严重的高中。然而六个月后，他死于自杀。

* 原文语言：英语

E. 多伊尔·斯特维克（美国）

南卡罗来纳大学教育领导与政策专业副教授，2003 年和 2014 年两次以福布莱特学者身份赴爱沙尼亚，研究方向为大屠杀教育、教育政策以及国际与比较教育。他早期的著作包括《重新想象公民教育》(*Reimagining Civic Education*)(2007)和《以教育促民主？》(*Advancing Democracy through Education*?)(2008)，两本书都与布莱德利·列文森(Bradley Levinson)共同担纲主编。他也在《课程研究》(*Journal of Curriculum Studies*)、《欧洲教育》(*European Education*)、《跨文化教育》(*Intercultural Education*)、《教育展望》(*Prospects*)、《皮博迪教育研究》(*Peabody Journal of Education*)及其他学术期刊发表过文章。

通信地址：College of Education, University of South Carolina, 318 Wardlaw Hall, 820 S. Main Street, Columbia, SC 29208, USA

电子信箱：stevick@mailbox.sc.edu

在拉丁语课的第一天，我作为教师让每个人都四处走走，互相介绍自己，彼此握手认识。但他坐在椅子上没动。"也许他认为这很愚蠢吧。"我猜想着，但没认识到这种假设已经作为一个令人满意的解释被我的头脑接受。直到后来我才知道他不参与的真正动机。尽管如此，他还是握了握我的手，我也继续上课。他静静地坐在角落里，有时对着我那些老掉牙的笑话咧嘴笑了一会儿，表现很得体。

随后，他开始缺课，紧接着期中考试没有及格。我带他走出教室，给他开了个条件："按时来上课，好好完成作业，我就让你重考一次期中考试。"我为自己帮助学生的努力而沾沾自喜。他沉默良久，心怀感激地说我一直对他很公平。他告诉我他的朋友遇到了法律问题，而他想帮帮他。"但，"他说，"第二天不能来上课了。"我很不高兴："为什么？""因为我要结婚了。"在那个周四。我怒火中烧，随即不再想过问他的事了。

在那之后，我应该就没见过他。我因家事错过了期末考试，有人告诉我说，他来参加了考试，但他意识到考试太难了，于是把考卷团起来扔到了垃圾桶里。这个故事在我心中激起了一丝正义感，我觉得他这是罪有应得，因为他对全班同学都爽约了，而且拒绝接受慷慨的帮助。他的失败是否最终导致他走上了绝路，让他觉得别无选择？

时间飞逝，他的事也被我抛在脑后。很快，科伦拜高中（Columbine High School）发生了震惊世人的大屠杀。有流言说犯人是一个风衣黑手党，有人疑心他为什么在希特勒生日那天进行大屠杀。在第一批针对大屠杀的措施中，社会心理学家艾略特·阿伦森（Eliot Aronson，2000）试图通过教育对抗可能导致谋杀的孤立。列文森和我（Stevick and Levinson，2003）试图将暴行置于学校学生不服从的更广泛模式中，以测试从教育人类学角度对学生观点的洞察是否能对学校中的暴力和排斥、孤立及非人性化模式有所启发。

这是那种能永久改变你世界观的——可怕的、出乎意料的——事件。试图去理解它或者想象这种事件怎么可能会发生都很艰难。对美国白人而言，这件事似乎就在身边：他们与学校情境有经常性的联系；在受害者中能看到自己（白人）；实施罪行的人看上去也像他们自己（白人）。或许因为这个原因，这次学校枪击案的恐惧急剧蔓延，尽管从统计学上而言，科伦拜高中此时发生此类事件的概率要远远低于1992—1994年那段时间（Hyman and Snook 1999）。俄克拉荷马城的爆炸案是同样具有颠覆性的事件，几年后的"9·11"袭击也同样如此。这两起暴行中的罪犯毫无疑问是彼此憎恶的，但他们也有相似之处——而且他们的想象受到了其他暴行的激发。我毫不怀疑科伦拜事件影响了世界各地那些心存仇恨的人的想象。

我自己对世界的天真看法即将被进一步粉碎。1999年7月4日周末，一群犹太男子和男孩在芝加哥的犹太教堂外被枪杀；非裔美国篮球教练里奇·伯德桑（Ricky Byrdsong）在公园被谋杀；韩国研究生尹元俊（Won-Joon Yoon）在印第安纳大学不远处,离我家一英里的地方被枪击身亡。六个月前,一起事件的肇事者震惊了我:那正是我班里后排那个周四就要结婚的安静孩子。直至警方到场,这起事件导致两人死亡、九人受伤,而他作为肇事者开枪自杀以躲避抓捕,死前对一名黑人警官大喊种族歧视口号。在此,我不会重复他的名字,它不该被人们记住。

破碎的旧知和新的洞见

可怕的事件会破坏我们的信仰体系,并随之破坏我们的认同感。重建它们可能是一个漫长而艰难的过程(关于我的具体经验,请参见 Stevick 2013)。这些事件很快暴露了我们习惯假设的缺陷。我以为一英里外就能发现种族主义者:他们要么是三 K 党的成员,要么是新纳粹;他们是南方农村的"乡巴佬"或剃光头和纹身,他们看上去就充满仇恨;我以为好的教育背景和种族主义是不可能共存的;我以为 1954 年布朗诉美国教育委员会案终结了美国法律中的学校隔离,有效地解决了种族问题。二十年后的今天,我惊奇地发现,我的观点多么无知,却多么常见。这样的观点是有原因的:它们并不特殊;它们是一个系统性、有选择地抹去、隐藏和分离历史和社会现实的产物(见 Harrington 1962;Kohl and Zipes 1995;Loewen 2008;Proctor and Schiebinger 2008)。一个系统能够维持如此广泛的无知,这本身其实是十分惊人的,但它不能成为任何人无知的借口。正如"二战"期间的海军法官、纽伦堡审判中德尼茨海军上将的辩护律师奥托·克兰兹布勒(Otto Kranzbühler)所说(用布鲁玛的说法):"如果你不知道发生了什么,你就是个傻瓜;如果你知道,却视而不见,你就是个懦夫;如果你知道,参与其中,你就是个罪犯。(Buruma 2017)"

我自己的无知被一件小概率事件刺破了。众所周知,小概率事件很难研究,如果很难预测事件发生的话,对它们的研究就变得尤为困难;但是当我们碰巧遇到时,它们可能会提供一系列深刻的洞察。我试图从个体的心理层面,通过社会和文化规范的视角,在广泛的社会体系和结构中弄清楚事件发生的可能性。我硕士研究生时期的学习重点是教育学基础上的国际教育。我想了解学校制度如何克服偏见,并培养积极的社会倾向。只有能维持民主社会和法治的态度才能孕育宽容甚至接受。我研究了后苏联时期爱沙尼亚公民教育的发展,以及后来的大屠杀教育。

我认为,种族主义由于其单纯性和突出性,加上我们作为人类的普遍易感性,常常能有效起到战术的作用。在接下来的内容中,我将探讨这个案例中的一些具体方面,希望会对其他人有所启发,并为我们提供一些线索,帮助减少我们在此类策略和意识形态下的脆弱性。

新闻中的妖魔：袭击者的非人化

在我学生的死讯被证实之前，新闻网播放了一张他剃光头的照片，称他为"白人至上主义者"。而我认识的那位学生是一个沉默寡言的人，他会因恶作剧而咧嘴一笑。虽然要把两个事实合二为一并不容易，但我意识到，如果我只听到那个标签，看到那个形象，我永远无法想象他是一个真正的人。这是因为媒体只有他的这一张照片，还是他们故意选择了一张剃光头的照片？（某著名出版物由于把美国非裔名人杀人嫌疑犯的照片调黑而臭名昭著〔Carmody 1994〕；相反，波士顿马拉松爆炸案中的一位嫌犯在杂志封面上被美化〔英国广播公司新闻 2013 年〕。）因为他在很多方面都很像我，我被迫把自己想象成一个潜在的犯罪者，这是我以前从未做过的事。

由于我在大屠杀教育领域工作，也因为它和反犹太主义方有关，减少对犹太人的偏见的重要性是显而易见的。我想，安妮·弗兰克的日记在美国已经成为一种现象，部分原因是美国白人觉得她很有亲和力。他们能从她身上看到自己，就像我能从我的学生身上看到自己一样。如果在电影和戏剧中，就像她父亲所做的，她犹太身份的强调被淡化，这些选择也许会起到强调我们共同人性的作用。一旦我们共同的人性被接受，我们的文化差异就可以得到调和。当欧洲走出种族灭绝的深渊，希望之声的吸引力在美国完美演绎了对救赎的描述。

但是，如果迫切需要减少对受迫害群体的偏见，抵制犹太人的非人化，那么，对那些策划和实施杀害 150 万犹太儿童的人就不适用同样的逻辑。正如我的学生失去了人性（不管他在多大程度上放弃了人性），德意志第三帝国的德国人（更不用说遭受他们侵略的中欧人）也常常被贬为文盲的怪物和野蛮人。一般来说，种族主义暴行也存在类似问题（Hollows and Fritzon 2012）。虽然这些"二战"时期德国人的形象发展是有原因的，但它们使我们不再把自己视为潜在的犯罪者，不再认识到自己作为人类的脆弱性。我不可能是纳粹或种族主义者；我不是怪物，也不是野蛮人。对自己隐瞒自身的弱点对我们并没有帮助。但是，如果我们认识到自身与那些被仇恨意识形态支配之人的共同人性，认为他们受到某种疾病的折磨且可以被治疗呢？也许某种形式的学习可以减轻我们的脆弱性，甚至治疗那些受折磨的人？

从意外到模式：易感性

在我学生枪击案后的十个月内，安妮塔·尼基·戈登、阿尼尔·塔库尔、范涛（音译）、孙智熙（音译）、盖里·李、桑蒂普·帕特尔、约翰·克罗尔和约瑟夫·希利在我的家乡匹兹堡的两起种族动机枪击案中丧生；其中一名罪犯是个大男孩，还和我上过同一所高中，就住在几个街区外。两个犯罪者，一个白人，一个黑人，都表现出精神疾病的症状。精神疾病、过激的意识和武器法的松懈都会滋生毒瘤。任何形式的认知障碍都可能增加我们对种族意识形态和其他形式极端主义的易感性。2018 年 10 月,乔伊斯·费恩伯格、理查德·歌特弗里德、罗斯·马林杰、杰里·拉比诺维茨、塞西尔·罗森塔尔、大卫·罗森塔尔、柏妮丝·西蒙、希尔文·西蒙、丹尼尔·斯滕、梅尔文·瓦克斯和欧文·杨格在匹兹堡的"生命之树"犹太教堂被谋杀,相同的模式又再次出现。给枪手治疗的犹太护士说:"我观察到他缺乏深度和智力,还有明显的混乱。"(这段话后来出于美国法律对隐私保护的考虑,从护士的声明中删去,但仍被引用了 188 次。)

同样,杀害克莱门塔·C.平克尼、辛西娅·玛丽·格雷厄姆·赫德、苏西·杰克逊、埃塞尔·李·兰斯、德佩恩·米德尔顿-道科特、迪万萨·桑德斯、丹尼尔·L. 西蒙斯、莎朗达·科尔曼-辛格尔顿和米拉·汤普森的凶手也表现出了"一系列不正常"(SACK 2017)。极端主义的表现形式各不相同:在这个原本普通的城市里,2009 年有海蒂·欧弗米尔、伊丽莎白·加努恩和乔迪·比林斯利被一名仇视女性的男子杀害,另有 9 人受伤。四个月后的今天,匹兹堡警察埃里克·G. 凯利、斯蒂文·J. 迈勒和保罗·J. 修洛二世被一名与仇恨网站有关的暴力男子伏击并杀害;他担心犹太复国主义者的全球阴谋和奥巴马会拿走他的枪。

美国读者可能会认出许多肇事者的名字,但不太可能知道这些受害者的名字。这一趋势反映了一个更广泛的模式:罪犯臭名昭著,受害者则很少被个人圈子以外的人记住。对于大屠杀来说也是如此。一般的学生也许能说出几个纳粹官员的名字,但最多只能认出几个大屠杀的受害者或幸存者,而且很可能除了安妮·弗兰克、埃利·维塞尔(也许还有普里莫·莱维),其他人都不认识。只知道抽象的受害者可能会加强标签和消极的联系,例如,"犹太人"和"受害者"。这可能是安妮·弗兰克的日记在全世界产生如此影响的另一个原因:在许多情况下,她是整个课程中唯一一个能自己发声的孩子,她作为一个人而被深入了解——这是一个非常人性化的过程。

尽管许多犯罪者对种族主义极端主义的易感性可能因精神疾病而加剧,但受到"他者"普遍形象的负面影响并因此采取行动的可能性,也就是我所说的易感性,似乎是人类的普遍特征或弱点。此外,"敏感度"的概念不仅可以应用于个人层面,也可以应用于机构层面。在一些著名的宗教机构中,已经查明了对儿童的猥亵性虐待的模式;美国警察对非白色人种,特别是黑人的暴力行为激发了一场社会运动。种族主义者如果想施暴,可以在军队和警察等有武器的地方谋求职位;寻找儿童的侵害者可能会潜入学校或宗教机构,这些组织很容易受到影响。虽然存在更大的文化问题,这些机构中的大多数都是好人。部分文化问题可能是由于友情和归属感阻碍了识别和制止虐待行为的可能性。

易感性反过来又与简化和突出的问题密切相关。

简化和片面的危险诱惑

后来我才知道，我那位学生对拉丁语的兴趣在高中就开始了，他的高中年鉴上有一句话"sic semper tenanis"，这是暗杀亚伯拉罕·林肯的人的话："永远反抗暴政（Thus always to tyrants）。"他拒绝了本杰明这个名字，因为听起来太犹太化了。他以罗马皇帝的名字奥古斯都命名自己，而他的导师叫恺撒。虽然他没能通过拉丁语测试，但"Delenda est Judaico（犹太将被毁灭）"这样的话语充斥着他们的通信记录。他对罗马有一个单纯、天真想象：那是第一个伟大的白人文明。历史是一个白人对抗非白人的种族故事。对于一个主义者来说，这种语言是一个安全的选择，因为这样他就不需要和外来者交谈了。

这些观点在事后变得清晰起来，但如果当初我知道应该打破砂锅问到底而不是自欺欺人（或者试图在走廊里了解更多关于他的情况），那本可以早些明白真相的。他唯一一次在课堂上发言时说："罗马人不是在军队里使用外国人吗？"我承认了他的观点，并谴责了罗马人的排外和性别歧视。我政治正确的演讲就像肥皂广告一样无力，对那些不认同前提的人来说效果则更差。但学生的每一个问题都代表着他们正在测试的理论。我学会了在正确理解问题之前永远不贸然回答，即使我知道他想要的答案。明白学生正在测试自己的基本理论是很重要的，特别是对于参与度低的学生尤其如此。鉴于人类倾向于确认偏见，还喜欢带有主观偏见地理解新证据以支持现有的看法，我可能无意中用真实的事实激发错误的理论。他们说庸医医症，良医医病，名医医人。我教了拉丁语，但没教那个学生。现在我认为教学不仅是一个传递内容的过程，还是促进学生理解内容的过程。要教他们，我必须了解他们。对教学过程一个更为有力的理解是，教学不应简单地传递和管制事实。

但学校教育通常以意识形态的方式提供社会认可的真理——也就是说，不是通过证据来证明或陈述，而是直接提供正确的答案。真理之所以被相信，是因为消息来源受到尊重。知识似乎是一种静态现象，而不是动态的。事实和理论以我们现在所知道的最好方式呈现，而非通过随着时间推移来揭示相互竞争的理论，也没有提及新的研究、发现和理论如何改变我们的一般理解。如果知识被认为是固定和永恒的，那么就不会有动力去更新头脑中更好的论点和证据，或者说不会去经历这样的改变。这样看来，大屠杀教育很有前景，部分原因是它是一个有大量文献记载的领域，新的研究成果也经常出现在媒体上。

然而，如果我们要求人们解释复杂现象，他们往往会回答简单化的答案。为什么会发生大屠杀？因为希特勒恨犹太人。答案倾向于"伟人"的历史理论。学生会提出一些解释，包括意识形态（如反犹太主义）或更广泛的力量、制度或社会结构，但这样的情况很少。更有问题的是，迷思和现实之间的关键区别可能会很快消失。学生们可能会被教导说"希特勒恨犹太人是因为他相信犹太人在暗地里伤害德国",但也可能学到"希特勒恨犹太人是因为他们在暗地里伤害德国"。

这些都是简单的故事,认知的捷径,精神的顿悟。当学生们认为大多数问题都有一个简单、正确的答案时,这些问题就更加突出了。大多数学校教育都存在固有的偏见。数学和科学问题、事实回忆问题,都有一个正确的答案,并设法运用一个明确的方法去找到正确答案。这些问题通常被称为"结构良好的问题"。另一方面,生活充满了劣构的问题,充满了模棱两可和复杂性。对历史的快速调查可能会花上几天的时间来研究一个庞大而复杂的话题,比如大屠杀,但最终无法求得错综复杂的公正回答。因此,学生对他们在社会中遇到的复杂社会现象缺乏理解的准备。他们仍然容易受到简单故事的影响,而种族主义是一个在这方面特别突出的故事。

种族的显著性及其简单解释

大约在我的学生犯下罪行的十年后,我发现了他自己对"种族觉醒"的描述,虽然不完全可信,但这说明了超越简单故事描述和打破种族主义迷思的挑战。他写道:"我的种族觉醒起源于八年级。根据法律规定,所有八年级的伊利诺伊州学生都必须了解国家社会主义德国的犹太人'大屠杀'。形容我八年级老师最好的方式是'肮脏的犹太人'。……这位犹太教师从白人拓荒者和定居者'屠杀'印第安人开始讲起,然后他转向黑奴制度的'邪恶',最后以'谋杀六百万犹太人'结束。……整个课程都是心灵操纵,纯粹而简单,但后来那件事就发生了。……洛杉矶种族暴乱一夜之间爆发。我见证了一幕幕残局,'黑鬼们'烧毁了天使之城,单纯因为肤色就把白人从车里拖出来。那次经历既残酷又可怕。如果这发生在芝加哥呢? 如果爆发全面的种族战争,白人会怎么办? (Burghart 1999)"

我们当然不应该相信这个说法。为了思考身份类别的显著性,我们需要反思那些似是而非的情景,它们能被扭曲,并最终形成这种说法。一位来自受迫害少数族裔老师,在一个多数人都属于同一族群的地区,试图让人们关注从征服欧洲至今非裔美国人和美洲原住民所遭受的苦难,并把大屠杀穿插进这一过程中。尽管内容的正确性毋庸置疑,我们却不知道它对教室里的学生产生了怎样的影响。

对于一个年轻的白人男性中学生来说,这些类别是显著的。当然,许多这样的年轻人进入学校时,对他的国家有着强烈的积极感情,对其历史也有选择性过滤或片面、简化的了解。他可能会觉得自己被隐晦地(或明确地)、排他地划分到可能犯罪的人群之中,这一群体由于被污蔑而迷失在罪恶感、羞耻感或压迫感之中。他可能想抵制自己是坏人的观念,并相信他与历史上坏人共有的特征从本质上并不是消极的。这种观点可能会转变为一种感觉,认为历史事实并不是消极的。

在此说明,本文对课堂上可能发生的事情不想做干预,也不想指责;相反,只是为了说明一个普通的学生对纠正性的例外论可能抱有抵触情绪。此外，这类历史可能会无意中提高所有学生对分类的认识和敏感度。例如，大多数学生可能会对自己的肤色更敏感。这种突出种族分类和强化敏感的方法实际上会加强而不是削弱那些产生问题的种族分类。这种高度敏感可能成为过滤新体验的镜头，就像洛杉矶骚乱一样，引发恐惧。

我的学生写到"种族暴乱"时，好像它们无缘无故地发生了一样，好像这个地区只不过是一个随时可能爆炸的暴力火药桶。这本身就是许多美国白人成长过程中的种族主义成见：以黑人或少数族裔为主的社区本质上是危险的，应该避开。在这个事件里，爆发是由对罗德尼·金案的判决引起的，罗德尼·金是一名黑人司机，他被一群警察残酷殴打的过程被录像记录下来。即使我的学生注意到了故事的这一部分，在那段视频中，他能联想到的突出人物应该是警察，而不是黑人司机。正如奇玛曼达·阿迪奇（Chimamanda Adichie，2009）在《片面故事的危险性》中所表达的那样，"如果你想剥削一个民族，最简单的方法就是，砍头去尾地断章取义，而不是完整地讲述故事。就像如果你从美洲土著人的箭头开始讲述，而不是从英国人的到来开始的话，故事会变得迥然不同"。

反种族主义抗议者和反法西斯主义运动内部有一股潮流，他们希望打击纳粹，以暴力对抗种族主义者，这也是可以理解的立场。我希望他们参考贝弗利·彼得森（Beverly Peterson，2015）在我的学生试图发动种族战争前几周拍摄到的录像。他公开了自己的观点，结果被人砸破窗户。于是，他觉得自己身处于危险之中，受到威胁。在恐惧中的人很少看到他人，尤其是威胁者的人性。无论对抗种族主义的感情多么正义，激起恐惧和威胁感都是不可能减少暴力的。

试图教导种族意识形态的缺陷，以及种族灭绝和其他暴行的历史，可能会产生一种矛盾的效果，那就是使一开始产生问题的种族分类更凸显，结果最后除了处理不完整的历史和处理有偏见的说法，我们还需要减弱种族分类这一概念。

作为策略的种族主义

乔治·布什总统宣布全球反恐战争时，许多人批评"恐怖是一种策略"（Lemieux 2017）的观点，尽管一个人可以打败一个组织，但不能打败一种策略。同样的观点是否也适用于种族主义？种族主义能否不仅作为一种意识形态，更作为一种策略发挥作用？如果我们考虑两者在敏感性、显著性和简单性之间的关系，那么答案也许是肯定的。（事实上，恐怖主义本身充满问题的框架及其对穆斯林，特别是阿拉伯穆斯林的选择性适用，其可能同时兼具恐怖主义和种族主义。）

如果政治家们把种族主义言论作为一种策略，那么即使种族主义意识形态没能说服许多听到这样言论的人，它也依然能实现既定的目标。这足以使种族成为一个更显著的分类。它可以提高人们对种族认同的认识和敏感性。在美国,非种族主义的白人听众可能会不由自主地被说话者的修辞所定位。种族主义言论可能会试图激起反种族主义的反应,希望对种族主义的强调被视为对白人的集体指控,从而使一些人疏远他们原本可能支持的政治联盟。种族主义作为一种策略,其目的可能是让人们更敏锐地感受到种族认同,让人们觉得自己属于一个群体,由此这一群体背后的分类更为明显。种族主义是一个简单的故事,也是一个突出的故事,人类很容易受到它的影响。它作为一种策略非常有效,这要求我们用南非进步主义理念非种族主义(Wieder 2003)、跨文化教育和其他方法来减少简化、片面的故事对我们的易感性,并加强反种族主义意识。

(姜朝骁　译)

参考文献

Adichie, C. N. (2009). *The danger of a single story*. TED Talk. TEDGobal. https://www. ted. com/talks/chimamanda_adichie_ the _ danger _ of _ a _ single _ story/transcript? language = en # t-110108.

Aronson, E. (2000). *Nobody left to hate*: *Teaching compassion after Columbine*. New York, NY: Freeman.

BBC News (2013). Rolling Stone defends Boston bomb suspect cover. *BBC News* (17 July). https:// www. bbc. com/news/world-us-canada-23351317.

Burghart, D. (1999). *Creating a killer*: *A background report on Benjamin 'August' Smith and the World Church of the Creator*. Oak Park, IL: Center for New Community.

Buruma, I. (2017). Fools, cowards, or criminals. *New York Review of Books* (17 August).

Carmody, D. (1994). Time responds to criticism over Simpson cover. *New York Times* (25 June). https://www. nytimes. com/1994/06/25/us/time-responds-to-criticism-over-simpson-cover. html.

Harrington, M. (1962). *The other America*. New York, NY: McMillan.

Hollows, K. , & Fritzon, K. (2012). "Ordinary men" or "evil monsters"? An action systems model of genocidal actions and characteristics of perpetrators. *Law and Human Behavior*, *36*(5), 458 – 467.

Hyman, I. , & Snook, P. (1999). Murder and mayhem in the schools: How bad is it? *Pennsylvania Psychologist Quarterly*, (August).

Kohl, H. R. , & Zipes, J. D. (1995). *Should we burn Babar*?: *Essays on children's literature and the power of stories*. New York, NY: New Press.

Lemieux, F. (2017). What is terrorism? What do terrorists want? *The Conversation* (2 June). https://theconversation. com/what-is-terrorism-what-do-terrorists-want-78228.

Loewen, J. W. (2008). *Lies my teacher told me*: *Everything your American history textbook got wrong*. New York, NY: Simon & Schuster.

Peterson, B. (2015). *Invisible revolution*. Video uploaded to Vimeo (21 June). https://vimeo. com/

131350523.

Proctor, R. N. , & Schiebinger, L. (Eds.) (2008). *Agnotology: The making and unmaking of ignorance*. Stanford, CA: Stanford University Press.

Sack, K. (2017). Trial documents show Dylann Roof had mental disorders. *New York Times* (2 February). https://www. nytimes. com/2017/02/02/us/dylann-roof-charleston-killing-mental. html.

Stevick, D. E. (2013). Dialogue and transformation in Holocaust education? Reweaving the tapestry of experience, research and practice. *Tertium Comparationis Journal für International und Interkulturell Vergleichende Erziehungswissenschaft*, *19*(1),69 - 90.

Stevick, E. D. , & Levinson, B. A. (2003). From noncompliance to Columbine: Capturing student perspectives to understand noncompliance and violence in public schools. *Urban Review*, *35* (4),323 - 349.

Wieder, A. (2003). *Voices from Cape Town classrooms: Oral histories of teachers who fought apartheid*. Cape Town: University of the Western Cape.

在风暴中航行:西方极端主义的神经心理学映射

劳拉·利古力*

在线出版时间:2019 年 5 月 30 日

摘　要　人权组织一直在努力寻找一些方法来解决美国和欧洲逐渐频繁出现的人权侵犯问题,并注意到了极右派的兴起与越来越多的歧视、排斥和暴力侵害边缘化群体的事件之间的联系。但目前,人权捍卫者还未能阻止这一趋势。通过借鉴道德心理学与道德神经科学知识,西方极端主义统一理论可以为我们提供一个概念模型,让我们理解仇恨犯罪和仇恨言论出现的原因。了解驱动这些行为的心理学和神经生物学因素,是制定有效干预措施、减轻目前出现的暴力和残忍行为的第一步。

关键词　心理学　神经科学　歧视　排斥　极端主义　道德

西方极端主义的神经心理学映射

　　人权捍卫者一直在努力对抗着欧美不断出现的人权沦丧、人权滥用和民粹主义盛行的问题。很多人权组织都在努力寻找这些问题的根源,尝试寻找新的、创新的方法和方案来扭转这个趋势。但是目前,尽管警钟已经敲响,全世界都在做出双倍努力控制这一切,这个趋势仍在持续。这是为什么呢? 答案可能存在于一个国家报告和专项小组不太会关注的领域,存在于导致这些行为出现的漫长的无意识的心理学和神经生物学加工过程之中。为了实现变革,人权组织必须深入其中,思考导致这些反社会行为、暴力行为和极端主义出现的重要趋势和作用过程。

　　本文从道德心理学和道德神经生物学的角度出发,提出了一个"西方极端主义统一理论"(UTWE)的概念模型,以说明西方极端主义出现的原因。通过解释三个

*　原文语言:英语

劳拉·利古力(美国)

北美某教育非营利性组织的执行董事及创始人,致力于将心理学和神经生物学研究联系起来应用于实践;美国缅因州卢易斯顿市贝茨学院的神经科学讲师,研究方向为神经科学及相关的跨学科领域。

通信地址:Mindbridge, 428 Fore St., 2nd Fl, Portland, ME 04101, USA

电子信箱:lligouri@mindbridgecenter.org

重要的领域，西方极端主义统一理论模型会归纳梳理说明跨群体暴力行为与其最根本的心理学与神经生物学作用过程的动态关系。这三个重要领域分别是：欧美政治中道德归因的作用；道德归因的后续影响，包括对不同观点的排斥和对群体间暴力的认可；社交媒体对最终会引发大规模群体内暴力和极端主义倾向的心理和神经生物学作用过程的潜在强化作用。

与道德归因有关的几个定义

"态度教化"是指原先中立或是非道德的客体态度逐渐变得有道德信念的过程（Brandt，Wisneski，and Skitka 2015；Rozin 1999）。先前，思想、价值观和主张从历史上的实用主义转向道德考虑的变化原因和过程是不太为人所知的。像堕胎、同性婚姻之类的话题往往是和道德关切紧密联系在一起的（Garrett 2016）。但是，正如斯基特卡、维斯内斯基和勃兰特（Skitka，Wisneski & Brandt 2018）所说，过去人们并没有明确将堕胎视为道德问题。关于堕胎的话题，20 世纪 90 年代讨论重点不是这个行为是否道德，而是日益专业化的医疗界与传统的护理形式（也就是助产士）之间的竞争。近来，关于环境的讨论也出现了类似的转向。环境问题早期的工作重点在于了解个人（非道德）的价值观与其信仰之间的关系，这种信仰是个人是否愿意接受解决气候变化问题政策的标志（Dietz，Dan，and Shwom 2007；Nilsson，von Borgstede，and Biel 2004）。但是，近来的研究有了一个明显的转向趋势，原先的非道德态度转向了近来更具道德考量的环境问题研究方法。比如范伯格和威尔勒（Feinberg & Willer 2013）调查了自由派从道德角度看待环境问题的可能性，他们之所以没有调查保守派是因为自由派更倾向于从伤害和关怀的道德角度讨论这些问题，因为有研究表明，这些道德关切话题在美国自由派中的共鸣多于美国保守派（Graham，Haidt，and Nosek，2009）。从那时起，很多研究开始指出道德观念（Farrell 2015；Rossen，Dunlop，and Lawrence 2015；Severson and Coleman 2015），而不仅仅是信仰或是理解的不同，在影响个体谈论气候变化话题的方式。

那么，非道德的客体观念是如何意识到道德重要性的？早期的研究，比如约书亚·格林（Joshua Greene 2001）提出的双重进程理论指出了道德与心理学/神经生物学中情绪变化的独特关系。依照格林的理论，腹侧-内侧-前额叶皮层（ventral-medial-prefrontal cortex）的自发情绪反应和相对反应较慢的背侧-外侧-前额叶皮层（dorsal-lateral-prefrontal cortex）的理性系统之间的相互作用驱动了道德判断。虽然人们对这种认知与情感相互作用的确切性质仍有争议，但自那时以来，一些行为学研究和神经生物学研究的结果证实了格林最初的发现，强调了道德判断和情感之间的依存关系（比如 Evans and Stanovich 2013；Greene 2009；Han et al. 2016），指出了情感可能在道德归因中发挥的关键作用。

　　与这些研究类似的有海德特(Haidt 2001)的社会直觉主义道德判断模型。与格林的双重进程理论相似,海德特指出,道德并非生于缓慢的理性加工,道德判断来自隐性的、直观的过程,在这个过程中,推理是用于事后评价的。当然,这一理论的一个重要内容在于,这个道德判断模型建立在人们意识到其产生过程之前就已经成型的前提之上。这对于我们理解为什么西方极端主义在世界范围内如此迅速泛滥的原因非常重要。虽然大众并不想看到诸如新纳粹主义和白人至上主义活动的西方极端主义的发展,但这些组织和活动的确在壮大(参见 Bobo 2017;Gallagher and Twine 2017;Kusz 2017)。这表明了事后评价的合理化过程与有深层推动力的、道德化的信仰的倾向性之间存在着明显的不匹配。

　　然而,尽管研究已经找到了情感和道德之间的明确联系,但关于态度客体道德化的确切过程,以及这个过程在意识层面是隐性还是显性的,还没有得到答案。近年,斯基特卡和他的同事们(Skitka and colleagues 2018)试图通过实验和实地调查来探究这个过程。他们在实验室内给被试者展示与堕胎相关的文字或图像,研究态度道德化的过程。展示文字或图片的速度有两种,一种让人来不及有意识地处理(14 毫秒),而另一种能让人有这种意识处理(250 毫秒)。这些图片和文字也被分成了两组,一组是有情感关联的(与堕胎有关或是与堕胎无关),而另一组是对照组。在这一步骤之后,研究者要求被试者就他们对堕胎的立场以及他们对这个问题的道德信念程度进行评分。数据分析显示,只有在被试者能够进行意识处理的情况下看过那些与堕胎有情感关联的图片之后,他们对堕胎问题的道德信念会上升。这让人怀疑起隐性情感加工对道德认知的作用。因为想知道实验结果能否在现实世界获得验证,斯基特卡和他的同事们(Skitka and colleagues 2018)进行了进一步的测试,探究在选举中,被试者对某个候选人相关的利害关系的信念能否预测其对他们青睐的候选人的道德信念。被试者对他们在考虑候选人的时候感受到的情绪进行了评分。评分项目包括敌意程度(如愤怒、厌恶)、恐惧程度(如害怕、惊惧)和热情程度(如兴奋)。测试的时间是 2012 年 9 月美国国民大选之前和在选举日前的一星期。被试者同样在候选人获得胜利之后对他们感受到的情绪进行了评分,并且对他们心中选举结果带来的利害关系进行了评价。情绪,而不是已知的结果,预测了被试者在对候选人的道德信念上的变化。对自己青睐的候选人的热情与对自己不喜欢的候选人的敌意都会让被试者增强对自己看好的候选人的道德信念。这些现实世界中的研究结果与之前的研究结果相呼应,指出了情感在道德决策中的作用,同时也强调了某些情感体验会导致对先前非道德行为赋予道德相关性的可能性。同样,对候选人选举结果已知的利害关系并不会影响道德信念的变化,这表明隐性情感加工过程与随后的赋予道德意义的立场声明无关。

　　虽然这项研究的结果值得关注,但是这项研究过于强调了个人情绪在态度道德化中的作用,尤其是敌意和恐惧情绪的作用,因此这项研究需要更多的实证调查。

2016 年的美国大选中，就有政客有力地利用了这种恐惧。他的竞选演说着重声明了攻击警察的人、恐怖主义者和移民都是罪犯。这种竞选言论只会加深公众本就有的恐惧。盖洛普公司(Davis 2016)和公共宗教研究所(Cooper et al. 2016)的全国民调显示，公众对暴力犯罪的恐惧达到了历史最高水平。英国心理学家威尔逊(G. D. Wilson 1973)在其著作《保守主义的心理学》(*The Psychology of Conservatism*)中，提及了一种与党派政治有关的恐惧，认为这种恐惧是保守主义意识形态的基础。此后，大卫·贝内特(David Bennett 1995)在其著作《利用恐惧的政党——美国极右派：从民族主义到民兵运动》(*The Party of Fear：The American Far Right from Nativism to the Militia Movement*)中追溯了恐惧在整个美国保守主义政治史上的作用。过去的二十年里，心理学和神经科学也为此作出了贡献，研究追踪了我们的心理模式和生物学特征是如何引导我们走向自由派或保守派的。2003 年，约斯特(Jost)和他的同事进行了一项统合分析，调查了人们对恐惧和威胁的感知是如何让他们走向政治保守主义的。通过分析 88 个(采集自 12 个国家)的样本数据，他们发现生存受到过威胁并想减少这种体验的个人往往有更强烈的动机去采取保守主义的意识形态。后来，神经生物学的研究证实了这些早期研究的结果。研究人员发现，平均而言，与自由主义者相比，认同保守主义的个体有更大、更活跃的杏仁体——这是大脑中处理恐惧刺激的一个区域(Kanei et al. 2011)。类似的研究证实，与自由主义者相比，保守主义被试者的杏仁体激活度更高，以便更好地应对危机(Schreiber et al. 2013)。其他研究也强调，保守主义者情绪反应总体较快(相对于就恐惧一个情绪而言)(参见 Lane and Sulikowski 2017；Tritt et al. 2016)。然而，虽然越来越多的文献注意到了保守派与自由派之间的情绪反应性的不同，我们仍不知道高涨的情绪体验，如恐惧，是如何导致道德归因的，尤其是当考虑到将概念和事件与道德考虑直接联系在一起的后果时。

信念和排斥的力量

美国政治中一个值得注意的变化是，对立的政治人物不再是单纯地持有不同意见，而是把对方描述成"邪恶"或"腐败"的。美国政治态度从分歧到道德愤怒的转变，凸显了一个令人不安的趋势：简单地把以前非道德的概念或个人贴上道德的标签，使人们的看法和态度变得强硬，并增加了信念的力度。

卢特雷尔等人(Luttrell et al. 2016)做的研究表明，当引导个体将他们自己的态度或信念视作有道德价值的时候，长期看来，被试者的态度—行为的一致性会更强。这就意味着，人们有关道德的态度观念，会促使人们做出与这种道德观念一致的行为。这个研究暗示，当人们的价值观、信仰与判断被赋予道德意义的时候，人们会变得固执。卢特雷尔等人试图通过控制人们对回收利用的态度来证实这个猜想。研究者要求被试者阅读一份关于美国境内回收利用过程的背景资料介绍,然后要求他们列出他们对回收利用的看法。之后,被试者会收到杜撰的反馈,告诉他们所列举的想法本质上是道德的或务实的。在收到反馈后,研究人员要求被试者再次列出他们对回收利用的态度,并提示他们要表明态度的强度。最后,研究人员向被试者展示了与他们观念相反的说服性信息,试图改变他们的立场。正如预期所想,收到正面道德反馈的被试者在态度上变化的程度比收到正面实用反馈的被试者小。

在勾画道德信念综合理论(integrated theory of moral conviction,缩写为ITMC)的时候,斯基特卡(Skitka 2010)提到了这个趋势。"道德信念综合理论表明,当道德信念冲突的时候,人们对不同观点的包容度几乎是为零的:对的就是对的,错的就是错的。"(Skitka 2010,p. 273;Turiel 2002)事实上,在欧美政治领域很明显的超极化现象表明,人们对不同观点的排斥即便没有恶化,也只是表面性的,这让持有不同意见的个人和团体更倾向对意见对立方采取暴力性的行为,歧视他们。这种态度增强的持久性(Tormala and Rucker 2018)和对不同观点的排斥让人付出了两个额外的重要代价:一是通过道德归属来进行宣传,导致此后产生的暴力;二是这种道德认同增强了群体内的凝聚力,但也带来了更强的参与大规模暴力的动机。

对暴力的宣扬和促进

先前许多研究都已经调查过增强的态度强度与个体为其立场进行宣传的意愿之间的关系。克罗尼克等人研究发现,人们谈论自己态度的意愿往往是确信感增强的结果(Krosnick et al. 1993)。巴顿和佩蒂的研究表明,随着时间和精力的投入,确信感只会更加强烈(Barden and Petty 2008)。维萨等人的研究结果则指出,增强的态度确信与个人为结盟事业奉献的意愿有确切关系(Visser,Krosnick, and Simmons 2003)。总体而言,这些研究表明,当态度强度增强的时候,人们会更愿意做出宣传。人们获得了内在的驱动力,去分享自己的观点。而对西方极端主义的发展和传播的研究非常重要的一点是,这一结论能让我们看到另一个层面:在信念强度的驱动下,个体不仅仅愿意分享自己的观点,还非常努力地说服别人也加入自己的阵营。契坦和特尔梅莱(Cheatham and Tormala 2015)试图寻找两种态度倡导行为的动机差异:一种只是简单地想分享自己的想法和经验,而另一种是直接想要推动听众采纳自己的观点。在他们的实验中,被试者被要求标出他们的态度确信度(能感知到的明确性和正确性程度)以及他们想要分享的意愿程度("你有多大可能与陌生人分享你对这个话题的看法?")。测试的话题范围很广,但是都涉及道德话题,比如学校里的祈祷和枪支管制。结合数据分析的结果和实验结果,研究者发现,感知到的正确性与分享欲望有相关关系。这表明,在认为自己的立场正确的情况下，个体更有可能去说服听者接受自己的立场。

　　当然，与非道德的偏好和传统观念相比，道德要求往往被认为是正确的，而且更客观、更具有普遍性(Skitka 2010)。因此，获得道德承认的态度观点似乎是被广泛接受的，而判定真相的标准一旦被认定是清楚正确的，就被赋予了强烈的信念，因此也就被人认为是正义的。这种道德信念的强度促使他们的信众参与政治，支持他们认为正确的东西，反对他们觉得根本性上就是错的东西。事实上，我们已经知道，强烈道德信念能推动人们在生死议题上作出决定，决定是否要发动战争就是一个例子。吉金和阿特朗姆(Ginges and Atram 2011)做了一个调查，并在美国、尼日利亚和中东(以色列和被占领土)五个地方开展了实验，以调查人们支持/反对战争的态度是建立在道德的决策过程上还是建立在理性的决策过程上的。在不同的实验场景中，被试者需要判断群体间的暴力行为可能会带来的实质后果。比如在美国的实验测试军事胜利的概率变化是否会影响被试者参加军事演练的决定。当看到有道义色彩的提示卡，详细说明人质的数量和他们的经历(比如酷刑，死亡)时，那些支持使用武力的被试者对预期获救的人质人数(根据不同场景人数会有变化)相对来说是不敏感的。这样的结果在其余四个实验中也再现了。这表明，参加自认为是正义，而不是有效的暴力政治行动的意愿能体现被试者对政治暴力行为的认可程度。

　　但是这些行为多是由遵循其所在群体所提倡规范的人做出的。尽管个人行为无法建立大规模的拘留场地或进行种族灭绝行动，这样的个体暴力行为并不在少数，这还是非常令人遗憾。与之相对，西方极端主义者的力量有很大一部分来源于更大的社会政治机构所认可的道德规范以及其后引发的群体暴力。

群体结构中的道德和暴力

　　萨格曼(Sageman 2004)和维多罗夫(Vitoroff 2005)对恐怖主义的研究表明，参与恐怖主义行动的个人并不是当代西方政治话语中通常认为是不道德的人，相反，他们是为了群体自身利益而参与这些恐怖主义行动的人。比如，萨格曼的结论是，"那些最不可能在个体行为中伤害他人的人最有可能在集体行为中这么做"(引自Dingfelder 2004，p. 21)。萨格曼的这个结论一定程度上是从他自己的研究结果中归纳出的。他的研究发现，恐怖主义团体的成员往往是"中产阶级，受过教育的年轻男子，他们往往来自一个氛围和谐的宗教家庭，成长在积极的宗教价值观之下，对自己的社群有关切心"(引自 Dingfelder 2004，p. 96)。从这一前提出发，科恩、蒙托亚和因斯科(Cohen，Montoya，and Insko 2006)试图去探寻群体身份与随之而来的忠诚度会在多大程度上导致对群体外成员暴力的制裁。具体而言，研究者通过忠诚度互动预测了暴力行为，其中群体内的忠诚度与群体外的暴力行为的关系比其与群体内的暴力行为的关系更密切。利用人种学家集合了1167个文化原始描述的标准跨文化样本(Standard Cross-Cultural Sample，缩写为SCCS)，研究者们分析了先前受访者对人种学家的回答，研究了社会对群体内和群体外暴力的态度。正如预想的一样，随着群体忠诚度的升高，群体成员更看重群体外暴力而不是群体内暴力的倾向也在增强。因此，这些研究证明了萨格曼(Sageman 2004)的理论前提：群体内忠诚度需要其成员遵循群体的认同规范。接受，甚至是提倡对外暴力可以体现这一点。费希尔、哈斯拉姆和史密斯(Fischer, Haslam, and Smith 2010)的研究支持了这个结论。他们的研究将社会身份与以暴力方式应对个人威胁的意愿联系了起来。将这种民族认同与性别认同以及其他个人认同特质相比，研究者发现对民族认同的威胁会导致个体更具侵略性，也更支持复仇行为。综合起来看，通过加强民族认同、公认的道德正义感和对已知威胁的宣扬，让公众产生对群体外成员进行暴力行为的认可，是过去两年来美国政治言论的一个主流策略，这在很大程度上助长了美国国内西方极端主义的持续增长。然而，即使在这种复杂的互动中，驱动对群体外成员施暴的一个重要的神经生物学机制还没有被考虑到：幸灾乐祸心态(Schadenfreude)的作用。

亚当·塞维尔(Adam Serwer 2018)最近在《大西洋》(Atlantic)杂志上发表了一篇题为《残暴才是要点》(The Cruelty Is the Point)的文章。文章回顾了特朗普政府的支持者参与且提倡的各种各样的残暴行为。这些残暴行为针对妇女、移民、非白色人种、非传统异性恋群体(LGBTQIA⁺)、校园枪击案的幸存者——简而言之，针对任何他们公认的外来者。重要的是，塞维尔还注意到了他们不仅提倡这种残暴行为，甚至看起来还很享受这个过程。而且，"他们的群体性是建立在共同嘲笑那些与他们不同的人的痛苦上的"。第二个结论凸显了神经生物学中一个称为"幸灾乐祸心态"的过程，这个词来自德语，是指一个人看到他人的痛苦时感到的愉悦。2011年，希卡拉(Cikara)、波特尼维克(Botvinickj)和菲斯克(Fiske)研究了人们的社会认同身份对他们对他人遭遇的反应有什么影响。他们在马萨诸塞州的波士顿进行了实验。研究者招募了两个对手垒球球队的粉丝，共计18名：11名是波士顿红袜队的粉丝，7名是纽约洋基队球迷。被试者在观看自己球队或对手球队比赛的时候接受了功能性磁共振成像(fMRI)。播放的比赛结果随机，内部队伍(自己支持的球队)有输有赢，外来队伍(对手球队)也有输有赢。在每场比赛放完后，被试者将他们对这场比赛感到的生气、痛苦以及/或者快乐的情绪进行评分，用1(无)到4(非常)进行标记。在功能性磁共振成像之后，被试者被要求评估他们对对手队员做出侵犯行为的可能性(比如辱骂，丢食物，攻击他人)。正如预测一样，被试者在看过主观上感到积极的比赛(支持的队伍获胜，对手球队失败)之后，他们的快乐情绪评分比观看主观上感到消极的比赛(支持的队伍失败，对手球队获胜)要高。同样，被试者在看到主观上感到消极的比赛之后，他们的愤怒情绪和痛苦情绪的评分比其他情况要高。从神经生物学上来看，主观上感到积极的比赛能激活大脑中的腹侧纹状体（ventral striatum，缩写为 VS），这个部位与奖赏体验加工的过程有关。在支持的队伍获胜或是对手队伍失败时这个区域激活过程非常类似，这表明，和支持的队伍获胜一样，看到对手队伍的失败也会给人一种奖赏的感觉。重要的是，腹侧纹状体的激活程度可以表明被试者对对手队伍开展暴力行为的赞同程度。激活程度越高，对暴力的赞同程度越高。因此，研究者认为，因外来者的痛苦感到快乐可能会推动人们参与对外来者的暴力行为（关于这一后来者的理论回顾，参见 Cikara 2015）。

社交媒体

美国某知名研究中心在 2017 年做的调查研究结果显示，美国在意识形态上的两极分化比过去 20 年任何一个时刻都要严重（Pew Research Center 2017）。在这些研究结果的基础之上，英国《每日邮报》（Daily Mail）的罗伯特·科兹涅斯（Robert Kozinets 2017）持有一个独特的观点，他认为单单是社交媒体就产生了这种影响，因为他注意到了在过去十年里社交媒体的技术使用量大幅增长。虽然仅靠社交媒体是不可能造就欧美极化的迅猛上升的，但是社交媒体无疑在这件事上发挥了非常深刻的影响作用。人类的大脑经过了数十万年的进化，而现在不同的一点是，社交媒体参与这个进化过程的方式非常独特。目前为止，我们已经回顾了道德归因对非道德态度的影响。一，道德归因被认为是公认的正义和对暴力的接受与提倡的结果，并美化了公认的正义和对暴力的接受与提倡。二，群体间的暴力行为可能是因为奖赏体验而受到了鼓舞。知道了这一点之后，有一点仍存疑：社交媒体是如何与这一过程进行交互的？社交媒体是否可以强化原先已经非常活跃且有影响力的进程，并且推动群体间的暴力，增强西方极端主义的增长趋势？

先前对社交媒体的研究调查了脸书（Facebook）等在线论坛上的反复互动是如何诱发多巴胺能反应的（Meshi, Morawetz, and Heekeren 2013）。研究表明用户在在线社交平台互动时，会获得愉悦和奖励的体验。同时，研究也表明了因为用户自我选择的隔离（Shin and Thorson 2017）或是平台内算法综合处理效应（Bucher 2017）而产生的越来越多的聊天室隔离现象。这意味着，虽然社交媒体上愉悦的互动经验让人在在线平台上有更多的互动行为，使用者同时越来越将自己限制在自己的内部团体中。研究表明，在线用户中意识形态的孤立性日益发展，加剧了偏见和歧视性的倾向，导致仇恨言论的出现（如 Mondal, Silva, and Benevenuto 2017），有时还会直接引发暴力行为（Patton et al. 2014）。这些研究和其他没有提到的研究提出了新的研究要求，以理解社交媒体是如何发展、增强现已存在的导致群体间的敌意以指数趋势增长的心理学加工过程和神经生物学加工过程。事实上，西方极端主义的出现有部分原因可以归于社交媒体（以及社交媒体被滥用）主动挑衅和煽动的独特方式,以及对已经生效的心理学和神经生物加工过程的宣传。

讨 论

近几年来,新闻和社交媒体头条报道中西方国家政府许可的暴力事件异常增多。其中包括美国联邦政府 2018 年执行的"零容忍"移民政策,强制将 3 000 余名孩子与他们寻求避难护佑的父母分开引发的持续紧张关系。2019 年《人权观察世界报告》详细介绍了 2018 年欧盟领导人如何利用移民播种恐惧、建立滥权政策,阻挠有意义的移民改革。官方许可下,整个欧洲大陆都出现了对宗教团体,尤其是穆斯林的骚扰事件,比如在法国和俄罗斯 200 余起政府对宗教团体施加武力的事件(Pew 2016)。同时,在西方国家,公众对仇恨犯罪的参与度继续上升。宣称从特朗普政权获得认同和动力的个人犯下了暴行,包括最近宾夕法尼亚州匹兹堡 11 个人惨遭杀害的生命之树犹太教堂枪击案和肯塔基州两个黑人被一个白人暗杀的案件。而这两个案件是美国最近的暴力事件。在这个国家,非洲裔美国人一直是最容易受攻击的对象,2017 年超过四分之一的仇恨犯罪的受害者是他们;在这个国家,仅在过去几年,反犹太主义事件急剧增长了 57%(FBS 2016)。欧洲也是同样的情况。联合国消除种族歧视委员会提及"分裂性、反移民和仇外言论"(2016,p. 4),这是英国脱欧公投前后的仇恨犯罪激增的主要影响因素,而极右派的崛起与欧盟内部的反犹太情绪和暴力事件的增加有关(EU-FRA 2019)。然而,即使我们知道这种与西方政府有关的群体间暴力事件在不断增多,诸如"恐怖主义"和"极端主义"的词汇还是只被用于讨论中东地区的恐怖事件与极端事件,尤其被用于描述圣战主义、伊斯兰教恐怖主义威胁。在这样的图景下,我们是好人,我们是自己想象中的英雄。但是这样的图景避开了一个令人不适的真相:我们这些西方国家,不仅仅离正确的道路越走越远,而且形成了一个任由国内恐怖主义和群体间暴力出现的治理模式。

西方极端主义统一理论(UTWE)为我们提供了一个概念性的模式,让我们理解这些变化之下的心理学和神经生物学加工过程。通过对道德归因的探寻,我们试图理解政治谈话为何从原先对政策和法律的讨论变成了直接对立法者不道德和腐败的行为的公开责难。在这样的情况下,对立不再是观点的不同,而是认为对立方是邪恶的。西方极端主义统一理论模型试图通过理解三个核心进程来解决道德归因的分歧:(1)道德归因加强了对自己的观点的信念,从而公开排斥了不同的态度和看法;(2)强化的道德化反应认可了暴力行为;(3)这些过程是如何建立、加强群体认同,创造了一个交互效应,默许了甚至更明显的群体内暴力和残暴行为。最后,西方极端主义统一理论模型考虑到了现代科技的发展在其中的作用。(此处的现代科技指的是社交媒体。)社交媒体有可能无意中强化了已经存在的群体间暴力和极端主义心理学和神经生物学进程。理解驱动这些进程的心理学和神经生物学原理是找出有效干涉措施以减轻目前的暴力和残暴行为的关键第一步。

（童　栩　译）

参考文献

Barden, J., & Petty, R. E. (2008). The mere perception of elaboration creates attitude certainty: Exploring the thoughtfulness heuristic. *Journal of Personality and Social Psychology*, *95*(3), 489.

Bennett, D. H. (1995). *The party of fear: The American far right from nativism to the militia movement*. New York, NY: Vintage.

Bobo, L. D. (2017). The Empire strikes back: Fall of the postracial myth and stirrings of renewed white supremacy. *Du Bois Review: Social Science Research on Race*, *14*(1), 1 – 5.

Brandt, M. J., Wisneski, D. C., & Skitka, L. J. (2015). Moralization and the 2012 US presidential election campaign. *Journal of Social and Political Psychology*, *3*(2), 211 – 237.

Bucher, T. (2017). The algorithmic imaginary: Exploring the ordinary affects of Facebook algorithms. *Information, Communication & Society*, *20*(1), 30 – 44.

Cheatham, L., & Tormala, Z. L. (2015). Attitude certainty and attitudinal advocacy: The unique roles of clarity and correctness. *Personality and Social Psychology Bulletin*, *41*(11), 1537 – 1550.

Cikara, M. (2015). Intergroup Schadenfreude: Motivating participation in collective violence. *Current Opinion in Behavioral Sciences*, *3*, 12 – 17.

Cikara, M., Botvinick, M. M., & Fiske, S. T. (2011). Us versus them: Social identity shapes neural responses to intergroup competition and harm. *Psychological Science*, *22*(3), 306 – 313.

Cohen, T. R., Montoya, R. M., & Insko, C. A. (2006). Group morality and intergroup relations: Cross-cultural and experimental evidence. *Personality and Social Psychology Bulletin*, *32*(11), 1559 – 1572.

Cooper, B., Cox, D., Dionne E. J., Lienesch, R., & Jones, R. P. (2016). *How immigration and concerns about cultural change are shaping the 2016 election*. Public Religion Research Institute. https://www. prri. org/research/prri-brookings-poll-immigration-economy-trade-terrorism-presidential-race/.

Davis, A. (2016). *In U. S. , concern about crime climbs to 15-year high*. Gallup. https://news. gallup. com/poll/190475/americans-concern-crime-climbs-year-high. aspx.

Dietz, T., Dan, A., & Shwom, R. (2007). Support for climate change policy: Social psychological and social structural influences. *Rural Sociology*, *72*(2), 185 – 214.

Dingfelder, S. F. (2004). Fatal friendships. *APA Monitor*, *35*(10), 20 – 21.

EU-FRA [European Union Agency for Fundamental Rights] (2019). *Experiences and perceptions of antisemitism — Second survey on discrimination and hate crime against Jews in the EU*. https://fra. europa. eu/en/publication/2018/2nd-survey-discrimination-hate-crime-against-jews.

Evans, J. S. B., & Stanovich, K. E. (2013). Dual-process theories of higher cognition: Advancing the debate. *Perspectives on Psychological Science*, 8(3),223 - 241.

Farrell, J. (2015). *The battle for Yellowstone: Morality and the sacred roots of environmental conflict*(Vol. 71). Princeton, NJ: Princeton University Press.

FBS [Federal Bureau of Statistics] (2016). *Hate crime statistics*. Federal Bureau of Investigation online. https://ucr. fbi. gov/hate-crime/2016.

Feinberg, M. , & Willer, R. (2013). The moral roots of environmental attitudes. *Psychological Science*, 24(1),56 - 62.

Fischer, P. , Haslam, S. A. , & Smith, L. (2010). "If you wrong us, shall we not revenge?": Social identity salience moderates support for retaliation in response to collective threat. *Group Dynamics: Theory, Research, and Practice*, 14(2),143.

Gallagher, C. , & Twine, F. W. (2017). From wave to tsunami: The growth of third-wave whiteness. *Ethnic and Racial Studies*, 40(9),1598 - 1603.

Garrett, K. N. (2016). *The moralization of politics: Causes, consequences, and measurement of moral conviction*. Doctoral dissertation, University of North Carolina-Chapel Hill.

Ginges, J. , & Atran, S. (2011). War as a moral imperative (not just practical politics by other means). *Proceedings of the Royal Society of London B: Biological Sciences*, 278(1720), 2930 - 2938.

Graham, J. , Haidt, J. , & Nosek, B. A. (2009). Liberals and conservatives rely on different sets of moral foundations. *Journal of Personality and Social Psychology*, 96(5),1029.

Greene, J. D. (2009). The cognitive neuroscience of moral judgment. *The Cognitive Neurosciences*, 4,1 - 48.

Greene, J. , Sommerville, B. , Nystrom, L. , Darley, J. , & Cohen, J. (2001). An fMRI investigation of emotional engagement in moral judgment. *Science*, 293,2105 - 2107.

Haidt, J. (2001). The emotional dog and its rational tail: A social intuitionist approach to moral judgment. *Psychological Review*, 108(4),814.

Han, H. , Chen, J. , Jeong, C. , & Glover, G. H. (2016). Influence of the cortical midline structures on moral emotion and motivation in moral decision-making. *Behavioural Brain Research*, 302, 237 - 251.

Human Rights Watch (2019). *World Report 2019*. https://www. hrw. org/world-report/2019.

Jost, J. T. , Glaser, J. , Kruglanski, A. W. , & Sulloway, F. J. (2003). Political conservatism as motivated social cognition. *Psychological Bulletin*, 129(3),339.

Kozinets, R. (2017). Americans are more divided than ever before — and social media is to blame for "extremist divisions", warn experts. *Daily Mail* (16 November). https://www. daily-mail. co. uk/sciencetech/article-5089893/How-social-media-builds-extremist-partisan-divisions. html.

Krosnick, J. A. , Boninger, D. S. , Chuang, Y. C. , Berent, M. K. , & Carnot, C. G. (1993). Attitude strength: One construct or many related constructs? *Journal of Personality and Social Psychology*, 65(6),1132.

Kusz, K. (2017). Trumpism, Tom Brady, and the reassertion of white supremacy in militarized post-9/11 America. *Sport and Militarism: Contemporary Global Perspectives*, 229.

Lane, D. , & Sulikowski, D. (2017). Bleeding-heart conservatives and hard-headed liberals: The dual processes of moral judgements. *Personality and Individual Differences*, 115,30 - 34.

Luttrell, A. , Petty, R. E. , Briñol, P. , & Wagner, B. C. (2016). Making it moral: Merely labeling an attitude as moral increases its strength. *Journal of Experimental Social Psychology*, 65, 82 - 93.

Meshi, D. , Morawetz, C. , & Heekeren, H. R. (2013). Nucleus accumbens response to gains in reputation for the self, relative to gains for others predicts social media use. *Frontiers in Human Neuroscience*, 7,439.

Mondal, M., Silva, L. A., & Benevenuto, F. (2017). A measurement study of hate speech in social media. *Proceedings of the 28th ACM conference on hypertext and social media*, Prague, Czech Republic (pp. 85－94). New York, NY: ACM.

Nilsson, A., von Borgstede, C., & Biel, A. (2004). Willingness to accept climate change strategies: The effect of values and norms. *Journal of Environmental Psychology*, 24(3),267－277.

Patton, D. U., Hong, J. S., Ranney, M., Patel, S., Kelley, C., Eschmann, R., et al. (2014). Social media as a vector for youth violence: A review of the literature. *Computers in Human Behavior*, 35,548－553.

Pew Research Center (2016). *Restrictions on women's religious attire*. US Politics and Values, Pew Research Center online (5 April). https://www.pewforum.org/2016/04/05/restrictions-on-womens-religious-attire/.

Pew Research Center (2017). *The partisan divide on political values grows even wider*. US Politics and Values, Pew Research Center online (5 October). http://www.people-press.org/2017/10/05/the-partisan-divide-on-political-values-grows-even-wider/.

Rossen, I. L., Dunlop, P. D., & Lawrence, C. M. (2015). The desire to maintain the social order and the right to economic freedom: Two distinct moral pathways to climate change scepticism. *Journal of Environmental-Psychology*, 42,42－47.

Rozin, P. (1999). The process of moralization. *Psychological Science*, 10(3),218－221.

Sageman, M. (2004). *Understanding terror networks*. Philadelphia, PA: University of Pennsylvania Press.

Schreiber, D., Fonzo, G., Simmons, A. N., Dawes, C. T., Flagan, T., Fowler, J. H., et al. (2013). Red brain, blue brain: Evaluative processes differ in Democrats and Republicans. *PLoS ONE*, 8(2),e52970.

Serwer, A. (2018). The cruelty is the point. *The Atlantic*. https://www.theatlantic.com/ideas/archive/2018/10/the-cruelty-is-the-point/572104/.

Severson, A. W., & Coleman, E. A. (2015). Moral frames and climate change policy attitudes. *Social Science Quarterly*, 96(5),1277－1290.

Shin, J., & Thorson, K. (2017). Partisan selective sharing: The biased diffusion of fact-checking messages on social media. *Journal of Communication*, 67(2),233－255.

Skitka, L. J. (2010). The psychology of moral conviction. *Social and Personality Psychology Compass*, 4(4),267－281.

Skitka, L. J., Wisneski, D. C., & Brandt, M. J. (2018). Attitude moralization: Probably not intuitive or rooted in perceptions of harm. *Current Directions in Psychological Science*, 27(1), 9－13.

Tormala, Z. L., & Rucker, D. D. (2018). Attitude certainty: Antecedents, consequences, and new directions. *Consumer Psychology Review*, 1(1),72－89.

Tritt, S. M., Peterson, J. B., Page-Gould, E., & Inzlicht, M. (2016). Ideological reactivity: Political conservatism and brain responsivity to emotional and neutral stimuli. *Emotion*, 16(8), 1172.

Turiel, E. (2002). *The culture of morality: Social development, context, and conflict*. Cambridge: Cambridge University Press.

UN Committee on Eliminating Racial Discrimination (2016). https://tbinternet.ohchr.org/Treaties/CERD/Shared%20Documents/GBR/CERD_C_GBR_CO_21-23_24985_E.pdf.

Visser, P. S., Krosnick, J. A., & Simmons, J. P. (2003). Distinguishing the cognitive and behavioral consequences of attitude importance and certainty: A new approach to testing the common-factor hypothesis. *Journal of Experimental Social Psychology*, *39*(2),118 - 141.

Wilson, G. D. (1973). *The psychology of conservatism*. Oxford: Academic Press.

破除儿童时期的刻板观念：机会与风险并存的儿童哲学教学模式可作为预防暴力极端主义辅助手段

娜塔莉·弗莱彻*

在线出版时间：2019 年 5 月 28 日
©联合国教科文组织国际教育局 2019 年

摘　要　本文探讨了儿童哲学(Philosophy For Children，P4C)教学模式①如何通过对儿童的概念发展进行早期干预来支持预防暴力极端主义的教育策略。具体而言，本文探讨了刻板观念是如何通过产生关系上存在问题的观点来干扰儿童的推理并歪曲他们可能认为有价值的东西，从而导致认知僵化，减少了责任自主实践。针对此类风险，本文提出了儿童哲学教学模式辅导的有效途径，旨在培养儿童的灵活思维，从而使其作为新兴主体的能力不断增强。

关键词　儿童哲学　预防暴力极端主义(PVE)　价值观　暴力

　　像和平以及无暴力这样的价值观是无法有效教授的，必须加以实践，将其具体化和生活化。我们可以认同和平是美好的，暴力是卑鄙和丑陋的。但如果不能将这些特征编织成一个合理的结构，就会显得软弱无力，难以令人信服。

　　　　儿童哲学教学模式联合创始人　马修·李普曼(2003，pp. 121,114)

---

*　原文语言：英语

娜塔莉·弗莱彻(加拿大)

跨学科研究者及哲学实践家，专门研究 P4C 和儿童哲学。她是蒙特利尔大学哲学、公民和青年研究所的负责人，也是 Brila Youth Projects (brila.org)的创始人。该教育慈善机构旨在将哲学对话和创造性项目融入其"哲学创造(philocreation)"方法。除了 P4C 教学及国际培训外，她目前正在就哲学作为青年行动主义的一种形式进行博士后研究。

通信地址：Université de Montréal, Institut Philosophie Citoyenneté Jeunesse, 2910 Boul. Édouard-Montpetit, Montréal, QC H3T 1J7, Canada

电子信箱：natalie@brila.org

①　儿童哲学教学模式并非指教授儿童传统哲学课程，它通常用来指代由马修·李普曼(Mathew Lipman)博士开发的一种教学模式，该模式聚焦思维技能以及质疑与推理的能力，推崇以学生为中心的、基于探究的教学方法。——译者注

　　旨在预防暴力的教育往往使人们对个人和群体产生轻率的概括,尤其是包含偏见和歧视的概括,这可能导致极端主义思想和有害行为。然而,这对刻板观念来说也是如此吗? 如果孩子们没有学习评估其脑中过于简单化的价值观和想法,也就是在他们对世界的推理过程中起到主导作用的那些,他们又怎么会变得容易激进? 基于暴力极端分子并非天生这一假说,联合国教科文组织建议采用教育策略以培养儿童对激进思想的适应能力,作为其预防暴力极端主义的广泛措施之一。在这些策略中,有一种开放的批判性对话,就像儿童哲学教学模式中所实践的那样。在本文中,我试图探讨儿童哲学教学模式作为预防暴力极端主义辅助手段的潜力,特别是通过对儿童的概念发展进行早期干预这一方式。

　　将儿童哲学教学模式作为预防暴力的一种工具并不是新命题:联合国教科文组织本身也是这样描述它的,和许多理论家及从业人员一样,都认为它具有提高青年对道德问题敏感度的能力。但是,暴力极端主义本身就是特殊的野兽,因为它意味着一种特殊的思维取向,并从根本上改变了其追随者与知识的关系,包括他们如何学习以及他们所宣称的对于世界的认识。由此产生的认知视角会极大地限制那些被认为值得重视的东西,而产生危险的结果——为小到仇恨言论、大到恐怖主义罪行的任何事情辩护。这种思维取向的泛滥对当代儿童的童年经历具有重要意义,尤其是因为儿童作为弱势群体,在思考自己现在和未来看似合理的价值时,可供借鉴的经验较少(尽管同样有意义)。不可否认,"童年"代表着一个非常多样化的群体。在本文,我专注于小学适龄儿童,但与此同时,我也认识到,即使我更加集中了焦点也无法捕捉到儿童之间在社会经济因素、神经多样性、家庭系统排列、个性特点等诸多方面存在的差异。在此范围内,我将研究儿童哲学教学模式在概念层面上可以完成哪些工作以支持预防暴力极端主义承诺,特别是针对我所说的刻板观念。

　　我认为刻板观念可能会干扰到儿童的推理,因为它们会产生关系上存在问题的观点,歪曲他们可能认为有价值的东西,从而导致认知僵化,或倾向于优先考虑自己持有的规范性主张。这些观念所隐含的概念似乎是一成不变的,而非模糊广泛。为了抵御这种僵化,他们必须学会确定自己的哪些观念过于简单,以及如何使这些观念更加具有各自的辨识度。在我看来,哲学在协助这项工作方面具有独特的地位。用儿童哲学教学模式联合创始人马修·李普曼(Matthew Lipman 2003)的话来说就是,哲学"为人们提供了可供思考的想法——这些想法并不会因为持续不断的争论而被消耗殆尽"(p. 106)。尤其是作为一种促进自主性对话的教学法,儿童哲学教学模式可以帮助儿童破除那些使他们容易受到极端主义思想影响的刻板观念。

　　在理论假设方面,我把儿童描述为新兴主体,他们应当以与其成熟程度和经验水平相称的、有意义的方式去锻炼其逐步发展的责任自主能力,以便他们能够逐渐成为自己生活以及社会环境的积极参与者。(但我并不是说儿童有能力或有权享有与成年人等同的自主权;因此,我论述中的"新兴的"和"逐步发展的"这两个修饰语很重要。尽管由于发展程度以及法律上的限制,儿童在童年时期无法实现完全的自主决定,但我们应当承认,儿童在成长过程中的各个阶段已经以有意义的方式行使了一定程度的自主权,以此确保他们本身被视为一个主体,而不仅仅是最终会成为一个成年人。)我所说的"责任"是指女权主义哲学家使用的"关系性(relational)"这一总括术语下的自主概念;用玛丽莲·弗里德曼(Marilyn Friedman 2003)的话来说,"反思一个人更深层次的需求、价值观和承诺,重申它们,并按此生活,即使要面对来自他人的阻力",同时不会忽视"社会关系对自我表现及特质的重要性"(p. 99, p. 82)。

在我看来,这种关系维度在两个层面上发挥了作用,并与预防暴力极端主义优先考虑的全球公民原则产生了共鸣。一方面,它承认"复杂交错的社会决定因素,如种族、阶级、性别和民族"影响着机构的发展(Mackenzie and Stoljar 2000,p. 4)——除了这些,我还要加上年龄歧视和成人主义;而另一方面,它反对胁迫、操纵和压迫的"干涉条件",这些条件可能会"歪曲一个人根据事实尝试作出的选择……从而损害了[她]去关心那些值得关心的事物的能力"(Friedman 2003, p. 5, p. 19)。

我认为,由于儿童是社会地位尚不稳定的新兴主体,他们应当被保护,以免受到压迫性或边缘化的自主性实验影响。我们希望他们能够提高自己的责任自主能力,而不至于因为压力就认为自己所珍视的生活仅处于两个极端:一边是残酷,另一边是顺从。在本文中,我假设只要儿童哲学教学模式可以克服一些关键威胁,就可以提供这种受保护的空间。首先,我将儿童哲学教学模式情境化,作为预防暴力极端主义的潜在辅助手段,向刻板观念提出挑战。接下来,我将解释哲学探究共同体(CPI)辅导为何是风险中的一个机会,提出一些有效途径,使儿童摆脱认知僵化,并转向更为灵活的思维方式。我没有对儿童哲学教学模式和预防暴力极端主义进行实证研究,而是为它们的潜在联盟提出了理论基础。

将儿童哲学教学模式情境化后作为预防暴力极端主义辅助手段的潜力

马修·李普曼和安·玛格丽特·夏普(Ann Margaret Sharp)最初设计儿童哲学教学项目是为了应对一般人群缺乏批判性推理的问题,特别是年轻人对于越南战争的反应。在过去 50 年里,该项目旨在培养儿童的多角度思维,即批判性思维、创造性思维和关爱性思维的结合:"在认知与情感、感性与理性、身体与精神之间达到一种平衡。(Lipman 2003, pp. 200 – 201)"项目的核心是名为哲学探究共同体(Community of Philosophical Inquiry,简称 CPI)的儿童哲学对话策略,即由一群儿童探讨一个他们认为对生活具有重要意义的概念性问题,并通过结构性对话寻求清晰且合理的判断。在概念发展方面,鼓励儿童学会运用三个标准(即"3C":central〔核心的〕,common〔共同的〕,contestable〔可争辩的〕)来回答问题,以确保这个问题是核心的(该问题对于他们的生活很重要,并且令人想要去探索)、共同的(因为同为人类,所以每个人都能够理解和回答该问题)和可争辩的(因为存在许多观点,要想解决该问题并不容易)(改编自 Splitter and Sharp 1995)。

这个过程被分成五个阶段,首先开始于一个发人深省的引子——传统上是一个富含哲学见解的故事,而后邀请孩子们一起提问和讨论。同时,一个成年辅导者为之提供有价值的程序化提示,引导孩子们去探索,为其多角度思维提供帮助。李普曼提出了对话式探究,其原始阶段包括阅读哲学文本、构建问题议程、就选定的问题进行对话、通过支持活动深化探究,以及对元认知自我评估及项目等作出进一步回应(Gregory 2007,p. 163)。

哲学探究共同体采纳了实用主义探究的主要原则,尤其是不确定性的调动和明智习惯养成的反思。它通过让儿童将知识与实践相结合、使用特定的思维工具及态度的方式,致力于让儿童能够以哲学概念(从自我到真理、善良到正义)的形式解决对他们来说至关重要的问题。因此,哲学探究共同体与实用主义探究方法之间的相似之处并非巧合。正如李普曼(2003)所言,"毫无疑问,儿童哲学建立在杜威哲学的基础之上"(p. 8)。李普曼(1988)认为,哲学在培养自主性思维方面非常强大,因为它"将学生从不加思考、不加批判的思维习惯中解放出来,以便他们能更好地培养其自主思考能力"(p. 41)。因此,哲学探究共同体可被归类为苏格拉底教学法的一种形式,因为它包含着一种集体求真活动,旨在通过审视假说及阐明合理信念等审慎技巧来改善实际推理(Gregory 2008)。

此外,维果茨基(Vygotskian)的社会建构主义(social-constructivist)学习理论对李普曼设计的哲学探究共同体影响很大;尤其是他认为在成年人的适当支持下,儿童可以与之共同完成那些难以独自完成的事情。由此,他们能够得益于"最近发展区(zone of proximal development)"。用李普曼的话来说,"要提高教育质量,就要认识到儿童在与同龄人和导师进行认知合作时,是处于最佳状态的;而当他们脱离了任何形式的认知共同体时,就会处于最低效的状态"(1996,p. 45)。学会制定哲学问题,使儿童为事件问题化一同努力,不仅在维果茨基理论上具有意义,也是儿童第一次学会把某些事情看作问题。因为在与他人的对话中,对他们来说至关重要的事情范围扩大了。在他们的对话,也就是尝试回答哲学问题的过程中,儿童实时交流了各自的价值观,发现了视角的局限性,也突出了不同观点之间的共同点及矛盾点。仅从这一描述就可以明显看出,哲学探究共同体具有作为预防暴力极端主义辅助手段的潜力:由于它在各个探究者之间分配权力并要求他们共同构建自己的立场,打破了权威的师徒范式,因而在风格上比其他许多教学法更为民主。正如李普曼(2003)所写的,"在一个探究共同体中,每个人都做好了准备且愿意从彼此的经验中学习,就像从自己的经验中学习那样"(p. 111)。

为此,哲学探究共同体培养了儿童的自我纠正精神,即在没有外部指导的情况下愿意且能够纠正自己的错误或弱点。这种精神的特点包括思想开放、抵制偏见、懂得相互支持等具体特性,以及谦逊、能够接受错误、与不确定性舒适共处等关键性格特征。我认为这种自我纠正精神是认识论灵活性的基础,它被转化为多层机会以优化思维过程(程序)及其产生的判断(内容),并使所谓的"元认知意识(metacognitive awareness)"成为可能。李普曼(1988)表示,"每当一种心理行为成为另一种心理行为的主体时,后者即为元认知"(p. 82)。在哲学探究共同体中,元认知协同发展有关思维策略及其应用的知识——何时以及如何最能够帮助他们去解决问题或挑战。在预防暴力极端主义方面,这种元认知训练可能有助于提高儿童作为新兴主体的能力,使他们能够在世界上负责任地行事,并在逆境中保持韧性。用李普曼的话来说:

> 要想意识到我们自己的心理行为,就要靠自己来提升自我,直到我们能够在元认知层面发挥作用……如果年轻人没有机会去权衡和讨论目标与手段及其之间的相互关系,那么他们可能会对除自己幸福以外的所有事物感到愤世嫉俗,而成年人则会毫不迟疑地谴责他们是"无知的狭义相对主义者"。要保证成年人的非道德主义(amoralism),还有什么比教育孩子任何信仰都能站得住脚更好的方法呢?(2003, p. 143, p. 15,重点已用斜体予以标注)

在预防暴力极端主义方面,最后但也许是最重要的一点:作为儿童思维方面的学徒,哲学探究共同体努力培养其合理性,也就是"明智使用合理方式的能力",而且必须是一种需要合作的方式。因为这"不仅指一个人如何行动以及如何受到他人行动的影响,还意味着一个人具有倾听和开放接受的能力"(Lipman 1988,p. 97)。李普曼反对一种过分理性的唯智主义观点,因为它忽略了情感在塑造、引导、均衡及丰富思想方面所发挥的深远作用——这一观点也与预防暴力极端主义承诺非常吻合。在哲学探究共同体中,当儿童探究针对某一问题的最合理想法、价值观或行为时,他们会通力合作以得出判断。这样的判断既合理(意味着该判断是通过强有力的论证、充分的证据和合理的标准而产生的)又明智(也就是说,该判断被多种多样的观点所支持,并对集体对话的得失负责)(Gregory 2011)。当然,以上概述代表的是哲学探究共同体实践的理想条件。内容和程序层面可能会出现问题,而后影响到儿童早期以负责任且关系良好的方式去自主生活的尝试。在认知僵化以及由此可能引发的极端主义思想方面,有一个问题让我感到很危险,那就是概念的刻板化。

挑战刻板观念

儿童哲学项目被认为是一种杜威哲学意义上的探究式学习方法,因为它以儿童的问题设定和问题解决为动力。对于约翰·杜威(John Dewey)而言,探究是一种行为,个人通过探究参与了"生存斗争的一部分,以应对客观上不稳定但可改善的环境"(Festenstein 2001,p. 732)。这种行为的最大前景在于它的协作精神,并得到不偏不倚、细致入微的结果。通过探究,具有不同技能的个人会认识到,相比于竞争,合作能够更加有效地获取新知识。他们更有可能通过调整自己的技能和能力、通过培养对自己工作的责任感以及对他人为此提供专业技能的感谢,来创造更好的生活条件。因此根据杜威的观点,由于探究具有行为导向及社区建设的特征,它应当成为儿童教育的核心,作为一种"工具,用以促进日益民主的生活方式"(Boydston 1990,p. 83)。

　　然而,尽管童年被认为是通过探究式学习实践责任自主性的好时机,但儿童从其周围环境得到的心理建构可能会危害到他们做出的努力。因此,即使他们在教育环境中进行合作探究,其结果也不一定像目前所阐述的那样合理,甚至可能助长极端主义思想或暴力行为。在这一点上,我赞同社会理论家沃尔特·李普曼(Walter Lippmann)在其 1922 年的论著《舆论》(*Public Opinion*)中表达的观点,即现实世界与他所谓的"我们头脑中的印象"之间存在着鸿沟。(尽管李普曼不是一个实用主义者,但他是一位针对杜威作品的著名批评家,尤其是对其通过自决实现民主公民权可行性的观点,这使他在本文的分析中成为引人深思的对立面。)这些印象(或称"伪环境")将事实同个人理解相结合,创建心理影像。但这些影像与他们声称要反映的外部世界不一定相对应,并且在被不恰当地应用于现实世界时会出现问题。尽管李普曼(1922)并没有把重点放在童年或教育上,但其见解可以理解为儿童作为新兴主体,可能很容易对事实或是产生于伪环境的价值观进行错误判断。虽然孩子们可以学着去评估描述性主张的事实准确度,但当存疑的规范性主张根植于我所说的刻板观念时,它们可能会更加难以阐明(即使是经过了像哲学探究共同体这样的针对性培训)。

　　李普曼最重要的理论贡献之一是他重新使用"刻板"一词去描述了"某些固定的认知习惯,这些习惯会导致错误的分类和概括,[并且]通常,但并非总是伪造了印象"(李普曼在其 1925 年 1 月 13 日的来信中阐明了他关于刻板的概念,引自 Curtis 1991,p. 25)。在这些习惯中,有一种倾向于在体验现实之前先对现实下定义,或是在不评估其优缺点的情况下直接采用现有的定义:"外面的世界一片繁华纷扰……我们倾向于去认识那些已经被我们的文化挑选出来的刻板观念"(Lippmann 1922,p. 80)。李普曼还抨击了刻板印象对个人的分裂性影响,因为它干扰了"他们对共同人性的充分认识"(Lippmann 1922,p. 87),这也与预防暴力极端主义倡导者的主要关注点相呼应。更糟糕的是,当个人面对可能的困惑或不确定性时,刻板印象会产生一种几乎不可抗拒的(即使是虚假的)轻松感——"它使我们感到宾至如归,加入其中并融入其中。当刻板印象受到攻击时,它们所代表的整个世界都会动摇"

（Wright 1973，p. 44）。

　　有趣的是，尽管在当代社会学和心理学中对术语"刻板印象"的解释集中在对特定个人或群体广泛持有的文化信仰，但从李普曼的描述以及该词的词源来看，其字面意思为"坚定的印象"。这也使概念的刻板化成为可能。童年时期关于圣诞老人的伪环境就是一个很好的例子：尽管在意识到圣诞老人实际上并不存在后，可以纠正其描述性方面；但在送礼物这一规范性方面，即使改变了形式，也可能仍然存在。例如，"好孩子应该得到礼物"的说法以及与此相关的"坏孩子什么也得不到"的说法可能会与有关善良、权利和奖赏的刻板观念一起持续存在。这可能导致一套坚定但具有潜在误导性的价值观和行动动机，其中可能包括关于谁应该受到优待的极端或暴力观点。

　　我们有理由认为，因为同成年人相比，作为新兴主体的儿童往往缺乏经验且易受影响，所以刻板观念可能会使他们更容易受到存疑的规范性主张及其伴随行动的影响。他们缺乏必要的批判意识，因而无法挑战那些他们在最初的自主思考实验中所继承的刻板观念。正如李普曼（Lippmann 1922）指出的那样，刻板观念"可能在每一代中都是如此一致地、权威地从父母传给孩子，以至于它几乎就像一个生物学事实"（p. 93），特别是当这些观念在教育环境中变得更加根深蒂固时。回到实用主义探究，这种担忧启发了"坚定信念"这一方法。查尔斯·桑德斯·皮尔斯（Charles Sanders Peirce）认为这种方法具有很强的欺骗性，并对推理能力具有侵蚀性。与我们的目的尤其相关的是，这种坚韧的方法是指无论信念的基础如何，都要固执地坚守，使自己不会受到那些可能改变我们思想的外部证据的影响——我们会"坚持到底，无论发生什么，都不会产生一丝犹豫"（Peirce 1997，p. 24）。就其本身而言，这种先验方法使我们视任何可以在理性上站得住脚的信念为真，即使没有经验上的支持，也会使我们赞同"令人感到舒适的结论……直到我们被一些残酷的事实从美梦中叫醒"（Peirce 1997，p. 23）。

　　同样地，正如李普曼所强调的那样，刻板印象可以被描述为一种不恰当的"塑造习惯（habit of molding）"。这种习惯创建出过于简化且受人操纵的印象，从而使我们能够"将自己的价值观投射到世界上，然后表现得好像这些投射与实际情况是相符的"（Curtis 1991，p. 26 - 27）。在我看来，这种塑造可能会导致儿童的认知僵化，从而使预防暴力极端主义教育的工作变得复杂。为了说明这一点，让我们思考一下这个关于刻板的爱的案例，它来自一次由 5 至 11 岁儿童参与的哲学探究共同体课程。（此示例摘自 Brila Youth Projects［brila. org］在加拿大蒙特利尔举办的"哲学创造"训练营，这是我正在进行的儿童哲学教学实践与研究的一部分。）尽管该小组认为爱这一概念满足了核心的、共同的和可争辩的这三个标准，但当他们在思想实验中面对一个没有爱的世界时，该小组的直接（且坚定不移）的反应是将其观念限制在了成年男女之间有关性爱的生育关系上。因此，在这一设想中，他们很快得出结论:人类会因为地球上没有"恋人"而灭绝。他们过度简化了爱这一概念,既没有把喜欢、关爱、珍视、欣赏等相关概念进行细微比较,也没有考虑到将其他爱的形式和主题标准进行整合,包括柏拉图式友谊、所有非传统异性恋者的生活方式以及其他情感类型。

尽管孩子们高度参与了集体探究,但他们将一个很重要的概念刻板化,从而缩小了他们的思考范围,比如谁值得拥有爱、爱的哪些表达方式是重要的。这种受限的定义为存疑的规范性主张铺平了道路,得出了只有同种族的异性恋已婚夫妇才算真正的爱情这样的结论。年幼的孩子们似乎受到家人的影响,开始利用午休时间,开玩笑地试图把符合他们刻板观念的那些成年辅导员嫁出去。关于预防暴力极端主义,这里所关注的是,随着儿童年龄的增长,他们会有更多的机会去行使其不断发展的自主权,他们可能会认为自己有理由去否定或贬低某种爱,即使按照目前大多数道德标准,这种爱被认为是正当的。从认识论角度来说,他们如何去努力了解这个世界,以及他们所宣称的对这个世界的认识,都与这种刻板观念有关。这可能会破坏其人际关系,甚至是以暴力的形式。但是,如果他们的暴力概念本身就是刻板的——比如说,仅仅指身体上的虐待,那么他们可能会对其主张所带来的伤害熟视无睹。

如果这种认知僵化可以被视为"自主的",往好的方面说是不负责任。这两者实际上完全互不相干。正如我在其他地方所论证的,儿童的"刻板观念储备"可能会成为他们思考和行动的权威指南。其心理叙事中的人物、背景和道德就像破旧的安心毛毯一样,令人感到熟悉、舒适(Fletcher 2016)。李普曼认为,成年人坚持自己的偏见,而儿童可能会出于同样的原因而坚持其观念储备。并且,他们对于过度简化的观念以及错误主张的坚持,可能会被老师和其他生活中的成年人所强化。刻板观念具有双重危害:它们可能在内容层面上歪曲事实,在程序层面上将其简化。这可能导致认知僵化,构成双重威胁,从而破坏了责任自主性所需的合理性。事实上,儿童反复赞同自己那些存疑的规范性主张会威胁到同龄人的思维,同时他们也会受到他人刻板观念的威胁,这可能会对其合理性的实现产生负面影响。在这种情况下,他们自己也可能成为(或沦为)阻碍其责任自主性的"干扰条件"。那么,对刻板观念的挑战会对儿童哲学教学作为预防暴力极端主义辅助手段的潜力产生怎样的影响?在哲学探究共同体体验中,它又是如何表现为风险的呢?

哲学探究共同体辅导是风险中的机遇

希望现在读者能够很清楚,为什么儿童哲学教学可以被视作预防暴力极端主义的辅助手段。哲学探究共同体通过向儿童展示如何思考而不是思考什么,使他们能够去"理解和实践有关减少暴力与和平发展的内容。他们必须学会自行思考这些问题,而不仅仅是下意识地作出反应……并且承认为和平而共同努力这一行为本质上是一个社会公共问题"(Lipman 2003,pp. 105 - 106)。因此,哲学探究共同体代表着一个重要机遇——特别是它使成年人能够在其中发挥重要的辅导作用,并且使所有的参与者人人平等,无论老少。然而,鉴于刻板观念可能会导致认知僵化,我想从内容和过程层面谈谈我认为在哲学探究共同体中存在的三大风险:(1)操纵性辅导;(2)高风险时刻;(3)情感疏远。这些因素代表着风险,因为成年辅导者可能会占用或错失儿童哲学教学作为预防暴力极端主义潜在辅助手段的机会。

操纵性辅导

遗憾的是,为儿童创造一个能够表达其观点的协作空间这一主张并没有受到普遍重视。这首先是因为那些存在争议的童年观念对他们产生着持续影响。这也可能是由于年龄歧视和成人主义的观点应当受到挑战,或是成年人应该真正关心那些儿童能够去做也应该去做的事情。回顾一下:我认为,儿童在反思中认可自己有理由也值得被当作新兴主体能够推动其责任自主性的发展。但是,这些价值观有时候不仅不稳定,而且还存在问题。简单来说,如果没有成年辅导者的悉心指导,哲学探究共同体体验可能会导致儿童采纳一些关系上存在问题的观点。也就是说,这些观点可能会对其道德、政治及心理方面造成损害,就像刚刚那个关于刻板的爱的案例。虽然对于儿童来说,有自己的关注点和想法很重要,他们可以探索并表达观点,而后作为新兴主体按照这些观点行事。但是,如果这些观点是危险的,那么会发生什么呢?

有人可能会说,这种危险正是儿童协作进行哲学探究的重要原因,因为共享多种观点可能会减小集体推理出存疑主张的概率。然而,哲学探究共同体辅导是复杂且艰巨的。哲学探究共同体为儿童开放了一个自主思考的空间,但如果成年辅导者缺乏训练或敏感性,他们反而可能会进一步加深认知僵化。回到坚定信念这一概念:在反思事实方面,那些在过程中缺乏来自辅导者支持的儿童有可能自欺欺人地相信自己所持的狭隘观念是真实的或者正确的,从而陷入相对主义或自恋思维中(如"我的观点,我的真理"),并去"探索哪些信念与他们的观念系统最为和谐"。正如皮尔斯(1997,p. 44)所警告的那样,不能这么做。

更糟糕的是,在面对这些问题时,成年辅导者可能会过度操纵。在儿童哲学项目辅导中,一些善意的操纵似乎是不可避免的:基于最具哲学前景的东西,通过重新制定或强调某些贡献,辅导者必然会影响到探究的过程。我们始终要为保持中立性而不断努力。然而,在辅导者参与哲学探究时,他们会将方向转向自己反思认可了的价值观或是潜意识内化了的价值观。这两者有一个重要的区别:前者是有意为之,因为认为自己最了解;后者则是无意地,因为没有意识到自己的影响力。在儿童哲学项目训练中,教师常常对整合教学法很感兴趣,因为这使他们得以传授自己的价值观,在他们看来,"自己持有正确的价值观";或者教师会出于自己的兴趣而过度参与探究,从而混淆了辅导者和探究者的角色。虽然可能存在一些偏见,但这种情况显然不再是学徒思维方式,而是预防暴力极端主义支持者所担心的更加危险的灌输模式,即成年人采取或强加自己的哲学立场给儿童,而非让其自行发展。因此,成年人如何做好辅导者这一角色至关重要,尤其是在面对以下的两个具有挑战性的风险时,应该如何确定其干预行为的时机和性质。

高风险时刻

在运作良好的哲学探究共同体中,儿童先前的经历就像被放在了一台精细的显微镜下。他们会批判性地审视生活的方方面面,从而找出那些时常被忽略的细微之处。这使他们能够对自己在认识论、伦理学、形而上学、美学、逻辑学和政治方面的假设提出质疑;也使他们得以确定如何从概念上完善他们用以评估世界的预设定义、标准和类别,从而更好地理解和参与到日常现实中。然而,如果小组思维过于单一,儿童可能会更容易产生各种谬误,尤其是确认偏误(confirmation bias)。这可能导致他们坚持刻板观念,进而坚持存疑的规范性主张。正如夏普(Sharp 1993)指出的,"任何认识涉及的内容总是在很大程度上取决于所提出的问题、所寻求的知识种类、所认为是理所应当的假设、所考虑的角度以及所处的探究背景"(p. 55)。

我所说的高风险时刻充分体现了刻板观念的严重性,同时强调了辅导在防止认知僵化中起到的重要作用,尤其考虑到预防暴力极端主义承诺。具体而言,它是指哲学探究共同体对话中的一个关键时刻:当有人说出或暗示了一些挑战儿童的合理性能力的内容时,成年辅导者需要立即进行干预。这一时刻之所以关键,是因为如果不去解决这种言论或暗示,就有可能使刻板观念(及其相关的存疑规范性主张)持续存在,进而危害儿童作为新兴主体的思想和行为。尽管在儿童哲学项目活动中,关于成年人参与行为的争论比比皆是,比如辅导者应该在何时以及如何进行干预,而不是让儿童自己进行探究。但我想说的是,高风险时刻明确要求干预,同时承认这种时刻并不总是容易被识别或解决。

让我们来看看另一个哲学探究共同体对话中的例子:在一系列关于城市生活哲学的户外研讨会上,一群孩子在进行虚拟探索游戏:"如果你拥有一根魔杖,能够为你的城市实现一个愿望,那会是什么?"(这个例子来自 Brila 参与的另一个儿童哲学教学项目,是由市政府资助的一项城市计划,旨在评估年轻人在蒙特利尔的生活经历。)一个 8 岁的男孩建议小组应该想办法把好人和坏人分开,然后把坏人送走,这样他们就不会威胁到这个城市的品格。尽管这个孩子的本意显然是无害的,但他的建议透露出一种关于善良的刻板观念,并且隐含着一些人会比另一些人更具价值的规范性主张。他假设人可以被简单分为两类,因而将他想要"好"人生活在他的城市中以确保这个城市是"好"的这个想法合理化。

　　毋庸置疑，这种假设是人类历史上某些最大暴行的核心："完美人类"的概念激起了对被视作"不良的"人口的排斥甚至大屠杀，并为其所作所为提供了正当理由。因此，这个男孩的言论就代表了一个高风险时刻，因为它有可能引发一系列偏见，从而影响到他在思想和行为上保持理性及责任自主的能力。其他人热烈地点头，同意将"坏人"从他们所热爱的城市中清除掉。他的建议似乎影响到了其同龄人关于善良的观念，因此风险更大了。在这种情况下，当刻板观念有可能导致对复杂的社会决定因素产生偏见时，如种族歧视、性别歧视、体格歧视、恐同症、阶级歧视等，就处于高风险时刻。

　　奇怪的是，"坏人"这一概念及其背后的刻板观念似乎一次又一次地出现在与小学年龄儿童的哲学探究共同体对话中。它通常是被用作反例，证明存在着这么一类完全不值得他们重视或善待的人。在当地一所学校开展常规儿童哲学教学实践的第一年里，情况始终如此。无论探究的是什么问题，从二年级到四年级的学生都反复提到"小偷"并不属于道德关怀范畴，他们似乎也觉得没必要为该立场辩护。（这个例子来自 Brila 的一个当地合作伙伴，这是一所位于蒙特利尔的法语小学，该校的全体教师都接受了每两周一次的哲学探究共同体培训。）这种倾向揭示了儿童对偷窃的刻板观念是如何过分简化和曲解了小偷的境况，显示出一种难以撼动的认知僵化。

　　有时候，这些反例会变成需要干预的高风险时刻。儿童认定当小偷的后果应该是极端的，包括被剥夺基本权利、丧失人的尊严、遭受巨大的痛苦，例如用刀将其处死。人数上的优势产生了激进的教条主义信念，并根植于种族定性、煽动恐惧的谬论以及社会经济的不平等。这些信念的盛行使人们对那些容易导致犯罪的条件反而更加宽容。（需要明确的是，我们的期望并不是让儿童知道这些，而是成年辅导者能够发现群体观念缺乏细微差别，从而提供程序上的支持以增加标准的复杂性。）因此，这些言论都属于高风险时刻。因为儿童提出了刻板观念，倘若不立即解决，就会使在哲学探究共同体对话中表达的那些存疑的规范性主张转化为针对相关问题的现实行动。

情感疏远

　　此外，出现高风险时刻的可能性使哲学探究共同体辅导从另一种意义上来说是一项有风险的业务，因为由此导致的对话氛围可以在儿童中产生强大的现象学体验（尽管并不总是积极的），尤其是在情感层面。李普曼（1988）意识到，"人们所表达的不同观点都是带着个人情感的，随着越来越多的观点被提出，这些情感存在的分歧会更加突出"（p. 129）。在我看来，尽管这种突出可能是极具建设性的，因为儿童通过具体的情感交流能够越发意识到其价值观，但与此同时它也可能使人变得疏远，因此需要成年人的悉心辅导。

　　如果没有这种干预,强势的声音可能会垄断和威慑到共同体,使人们就刻板观念及相关主张达成共识,而合理性要求的是与之相反的结果。这种情况可能会削弱共同探究者之间的联系。强势者可能会盖过胆怯的人,"多数原则"的判断可能会阻碍严谨的分析,而由于更为公平的建议被忽略,带有偏见的观点可能会被强行辩护。因此,我们所期望的开放、合作、相互依存的哲学探究共同体氛围会被强制、敌对、片面性的氛围所取代,探究者中的"恶霸"会影响到群体共享对话控制权,就像少年犯参与儿童哲学教学实践的示例所显示的那样(Lee 1986, pp. 15 - 16)。

　　"情感疏远"这一概念可以很有效地描述这种风险。该术语是女权主义者萨拉·艾哈迈德(Sara Ahmed)提出的,用于指称那些因其所处背景的普遍情感而遭到疏远的个人。虽然她关注的是边缘化人群中的社会排斥,但她所举的"感到扫兴的女权主义者、不快乐的同性恋者和忧伤的移民"这一例子(Ahmed, in Gregg and Seigworth 2010, p. 30)可以被恰当地转化为儿童所面临的现实。儿童之间存在的差异可能会阻碍他们在哲学探究共同体中找到归属感,并使其表现出抗拒。这些儿童可能会发现,他们作为新兴主体所认为的有价值和值得反思认可的东西,在某些课堂环境中被认为是错误的、不正确的和不受欢迎的,就比如当他们在一个偏重白人和异性恋的教室时。作为在情感上被疏远的人,他们对群体的认知僵化可能只有一个非常基本的认识,特别是与艾哈迈德提到的那些政治化成年人相比,不过儿童的现象学体验有着同样深刻的意义。从某种意义上来说,他们被迫处于主导知识(以刻板观念的形式呈现)的边缘,因为这些知识并不是他们自己认为有意义的那些,所以他们很难与群体对此持有的好奇、惊讶、热情等情感产生共鸣。就刻板的爱而言,一个明显的例子是儿童自己的家庭系统排列与人们所预设的标准大相径庭——他们的父母是未婚先孕的跨种族夫妇,他们的兄弟姐妹是同性恋者,他们的叔叔是冷淡的无性恋者,他们的表兄弟实行伦理上的非一夫一妻制,等等。

　　在我看来,哲学探究共同体作为一种具体化的、充满情感色彩的体验,增加了刻板观念导致高风险时刻发生的风险,从而影响到儿童的情感疏远。尽管哲学探究共同体的对话体系很强大,但并不总是和谐的。虽然在儿童哲学学术研究中,攻击性言论这一问题已经从多个角度得到了解决,但人身敌意问题仍然棘手。就算可能会造成许多损失,但对该模式作为预防暴力极端主义潜在辅助手段,我想强调一个重要的问题:儿童可能会因为他们对群体说的或表达的东西被拒绝或误解,而在情感上受到疏远,不仅是在口头上,还有在行动上。他们可能会感觉到主导演讲者的攻击和敌对,以至于他们的言语被压制,变得沉默,同时还会影响到他们的身体,出现畏缩、躲闪、流汗、发抖、头晕和口吃等反应。他们说话的意愿或能力可能会下降,从而导致观点缺失及贡献失衡,进而破坏了群体的活力。在这里,风险是通过身体而不是哲学立场来表现的,这本身就可以被视作暴力,因为它可能会导致破坏性的痛苦(请参阅 Fletcher 2014,我在其中阐述了这一论点,并引入了"身体羞辱(body taunting)"这一概念）。

　　群体中的人身敌对会导致情感疏远，显示出一种对不确定性的普遍不安。这也是一种用于抵抗突发的、不稳定的、存在争议的哲学探究共同体事实环境的方式。这再次指向了认知僵化：儿童可能会坚定地捍卫刻板观念以及与之相伴的存疑主张，因为这些观念和主张让他们感到舒适和熟悉。正如我们所看到的，只要有生活经验作为参考和细化，哲学探究共同体的哲学立场是可以被修正的。用夏普（1997）的话来说，"如果我们始终坚持只有一个绝对真理，并且只有我们的世界观包含这一真理，我们就无法进行这种创造性的转变……"（p. 73）。但是，如果一切都可以被质疑（甚至是那些被认为是无可争辩的概念），那么在这一过程感到不安的儿童可能会通过一种具体的认知僵化来表达其反感，这也表现出一种偏狭。在面对不同观点或是个人偏见受到挑战时，这是一种儿童用以传达恐惧或不安全感的方式。

　　这种情况很容易出现在社会差异很大的哲学探究共同体群体中，因为就像肯尼迪（Kennedy 2010）所写的，"随着我接触到的知识和观点越多——无论是性别、阶级、性、自我理解、宗教信仰还是审美价值等，我遇到的真理版本就越多"（p. 137）。此外，儿童可能很清楚不能在言语上表达偏执，但他没办法掩饰身体上的表现，尤其是当展开的论点违背了自己的偏好观念，而这一论点又是由一些被认为是"其他人"甚至地位更低的人提出的。因此，多角度思维也可能受到阻碍：某些立场或人可能不再受到重视（缺乏关怀性思维）；有人可能不愿参与和评估不熟悉的观点和论点（缺乏批判性思维）；儿童可能认为没有必要寻找遗漏角度、检验可能性和设想其观点会带来的结果（缺乏创造性思维）。

　　这种认知僵化可能会在对话体系之间传染，从而造成群体内部更为严重的疏远，因为在情感上被疏远的儿童会脱离探究过程。如果李普曼（2003）的预测是正确的，那么敌对情绪对哲学探究共同体起到的长期影响将会非常可怕。"那些感到自己的权力被疏远、希望被辜负、精力被浪费的人很可能会幻想用暴力发泄自己压抑的痛苦和怨恨"（p. 108）。那么，哲学探究共同体辅导将如何在不过度操纵的情况下，解决高风险时刻以及情感疏远的风险？成年辅导者是否有可能以反映预防暴力极端主义承诺的方式进行干预，同时帮助儿童克服那些可能阻碍到其不断发展的责任自主性的刻板观念？

有效促进具有预防暴力极端主义敏感性的哲学探究共同体辅导

　　我个人的儿童哲学教学实践和初步研究数据表明，定期参与哲学探究共同体对话并在过程中得到有效辅导的儿童，比起没有接触过哲学探究共同体的同龄人，更能察觉到由刻板观念导致的存疑规范性主张以及将其固化的错误对话方式。由于这些主张和方式会对其合理性及责任自主性产生潜在的有害影响，这些儿童可能会更加认真地审查。说得更具体一些,这些孩子可能会更快地判断出所有存在问题的情感疏远和高风险时刻,因为他们已经具备了自我纠正精神,学会了谦逊、接受错误、与不确定性舒适共处。我认为,这些特性构成了哲学探究共同体认识论灵活性的基础。考虑到这种可能性,我认为有两种途径可以有效促进哲学探究共同体辅导:以策展方式和以加剧困难的方式。这两种方式很有可能使先前概述的风险得以解决,从而使哲学探究共同体辅导对预防暴力极端主义承诺更加敏感。

以策展方式进行辅导

首先,根据我提出的论点,成人应该将其哲学探究共同体的辅导看作一种策展人,即尽力照看"微小的艺术品"的角色(2003, p. 143)。李普曼认为成年辅导者应当拥有这样的心态,以便使儿童的协作意义远离极端主义思维,朝那些更为细微和复杂的概念和主张发展。策展人一词来自拉丁文"*curare*",意为"照顾"。这一类比强调了辅导者在设计一个具有认识论灵活性的对话空间时起到的关键作用。就像策展人精心挑选和布置展览艺术品以适合特定的画廊一样,成年辅导者必须有甄别性地选择他们所采用的原则、程序和教学材料,创造一种具体的情感氛围,以利于形成自我纠正的群体动态。(Fletcher and Oyler 2016 通过"雄心勃勃的厄洛斯"对策展这一概念进行了更为详细的探讨。)尽管所探讨的哲学问题和策略可能会改变,但辅导者始终需要去推动引导出怀疑、好奇、惊讶的情感,同时塑造出引人深思的参与方式,以激励儿童去参与具有挑战性的哲学探究共同体课程(有时可能会让人感到不适),从而使他们进行更负责任、更合理的关系性思考。

这种旨在培养自我纠正精神、以策展方式进行的辅导在实践中会是什么样的?通过鼓励儿童学会谦逊和接受错误,成年辅导者可以帮助他们认识到概念主张是可以改变的,从而增强他们去调整自己方法和主张的意愿,而不是固执地维护自己已知存在缺陷的刻板观念。如果辅导者能够创造一个对话空间,在这个空间里,愿意犯错和改变自己想法的人会被赋予特权而不是被贬低,儿童可能会逐渐体会到产生于刻板观念的规范性主张不过是需要审查和检验的临时信念。联系到预防暴力极端主义,李普曼(2003)敏锐地指出,"这种精神有助于平息绝对主义和狂热主义所激起的争论,从而减少了这种争论时常导致的暴力行为"(p. 123)。此外,通过在辅导方式上模拟不确定性的舒适度,成人可以帮助儿童更好地处理复杂性及模糊性,特别是当他们的刻板观念被颠覆时,他们会感到好奇,而不是以逃避的态度陷入非黑即白的条条框框之中。

反过来,当群体的探究策略不足以解决他们所发现的问题时,成年辅导者可以通过强调这种时刻来帮助儿童意识到认识论灵活性的好处。当他们意识到大家都在努力表达自己的观点时,会更好地理解他们所协同努力进行的探究是如何将他们从各自的偏见安全区中解放出来,从而产生更加强有力的观念和主张,得以通过所有人的合理性检验。这种旨在培养自我纠正精神、以策展方式进行的辅导与李普曼（1922）的希望相呼应。作为公民，如果我们在面对自己的刻板观念时不再那么固执和轻信：

> 　　如果在［我们的］哲学中，我们假设世界是按照我们拥有的一种代码而编纂的，那么我们很可能会对正在发生的情况进行报告，以描述这个由我们的代码运行的世界。但是，如果我们的哲学告诉我们说，每个人只是世界的一小部分，他的智慧充其量只能捕捉到粗略观念网的某些阶段和方面。那么，当我们运用刻板观念时，就可以意识到它们属于刻板观念，从而轻易地发现它，再欣然地修改它。（pp. 90 - 91；重点已用斜体予以标注）

　　回到关于刻板的爱的案例，成年辅导者对空间的精心策划能够使该小组设想到他们关于爱的规范性主张可能会带来什么后果，而后看看他们的观念会发生怎样的细微改变。（值得注意的是，这种策划可能不会在第一次尝试时就发生，因为刻板观念可能会使成年辅导者感到束手无策，从而不得不相应地再次调整。）小组成员可以试着想象一下，如果每个人都按照自己的定义生活，这个世界会是什么样子。而他们在意识到这个情况后，可能会改变彼此看待和对待对方的方式，以及体验和表达自己的感受的方式。在整个自我纠正的过程中，他们可能会发现，他们真正尊重的是忠诚、深厚的情感纽带和相互之间的信任，而不是严格意义上的婚姻和相容性。这就为友谊、同事关系、职业、慈善事业、动物关怀等方面的考虑腾出了空间。随着爱这一概念突然变得如此模糊和复杂，他们可能会像李普曼（1922）说的那样，"越来越清楚地意识到他们的想法是从何时出现的，从哪里开始的，怎么来的，又是为什么被他们所接受"（p. 91）。

以加剧困难的方式进行辅导

　　尽管以策展方式进行辅导似乎很有前景，但其提出的自我纠正精神会在情感疏远的高风险时刻受到考验。面对这样的风险，成年辅导者应该如何具体安排对话空间呢？简而言之，尽管面临着巨大的风险，也要抓住哲学探究共同体所代表的机遇。虽然这对于经验丰富的儿童哲学教学从业者来说也是一项挑战。我认为，他们可以将其策展人的作用视为使探究的观念和过程复杂化，而不是使探究对话精简化。如果儿童固守其刻板观念以至于发生了情感疏远的高风险时刻，那么成人就必须促使他们去考虑，其调查视角和过程可能对他们作为新兴主体所宣称的世界认知，产生存在问题的相关后果。因此，从"辅导"这一术语的词源来看，成人除了要帮助事情变得简单，也需要加剧困难（difficultating）。（我和我的同事们在 2012 年儿童哲学发展研究所〔Institute for the Advancement of Philosophy for Children〕的年度夏季研讨会上提出了这个术语，该研究中心是由李普曼和夏普在蒙特克莱尔州立大学建立的。从那之后，作为儿童哲学教学项目的辅导者和培训师，我常常使用这个词来描述成人在哲学探究共同体中的微妙作用。）

我提出的这一途径与梅根·博勒（Megan Boler 1999）的"不安教学法（pedagogy of discomfort）"中的一些教育策略有相似之处，虽然她在大学课程中提出的要求与儿童哲学教学项目对年幼探究者的要求并不同。值得注意的是，她认为"学会与模糊性、不适感及不确定性共处是个有价值的教育理想"。这一理想需要学习者和教育者同样拥有勇气，因为当人们所珍视的价值观受到质疑时，会产生"情感维度以及情感投入"方面的困难（pp. 197 - 199）。对我来说，加剧困难是指在儿童的认识论灵活性实验中，培养他们一种快乐的不适感，但不是指被弄得不舒服而感到快乐。这听起来似乎是一个难办又不合逻辑的提议。我的意思是，在斯宾诺莎（Spinozan）意义上，快乐能够增强行动的力量：这是一种以不适感为导向的快乐，意在增加自主思考和行动的可能性（Spinoza, "Part IV: Of Human Bondage, or the Strength of the Emotions", in Curley 1996, pp. 113 - 116）。该想法是为了营造一个让人感到不适的安全空间，也可以说是一个充满好奇的空间，能够让人察觉到复杂观念所蕴含的不安与喧嚣，走出舒适区以挑战那些令人眼花缭乱的观点。

为此，成人作为"加剧困难者"，必须学会识别高风险时刻，并立即介入出现的问题，探究其言论或暗示，以揭示其根源。他们必须谨慎但自信地预测到儿童不断发展着的责任自主性可能会面临什么挑战，以确定刻板观念和存疑的规范性主张会如何影响到儿童的价值观信念。在这种情况下，加剧困难的举动会设法鼓励儿童在认知上的灵活性，以化解高风险时刻。如果成功了，探究的内容在变得明了前，会在概念上变得更加模糊，而儿童作为共同探究者似乎更容易支支吾吾或改变主意，因为他们不再那么教条主义地相信自己的原有立场。这里值得注意的是，由于我们的目标始终是培养儿童的责任自主性，尽管成人必须进行干预，这种干预也并不能转化为成人替儿童进行推理。

然而，如果合理性可以成为一项指导原则，那么我认为（也许更为赞成）在以预防暴力极端主义敏感性为目标的哲学探究共同体实践中，应该欢迎高风险时刻这一表征。在日常用语中，如果双方未能成功应对高风险时刻，就会面临很大的风险，因此高风险时刻至关重要——扑克游戏和商业谈判这两个经常使用的例子就很好地说明了这一点。一旦双方取得了成功，获得了金钱或权利，那么这些风险就被认为是值得的。同样地，虽然哲学探究共同体中的高风险时刻可能会导致重大损失，但也不能忽视其可能带来的收益。例如在上述例子中，高风险时刻引发了哲学交流，促使儿童去质疑这些以其存疑的规范性主张为根源的刻板观念。

然而，我想提出另一个更具争议的论点。我认为不仅应该欢迎哲学探究共同体中的高风险时刻，还应该试图制造这种时刻，以便创造机会能够让儿童在成人的悉心辅导下正视认知僵化。许多对儿童哲学教学项目感兴趣的人似乎都会被它所吸引，因为它提供了与年轻人一起深入探究积极概念的机会，比如和平与幸福、善良与同情。这些从业者中最主要的是弗雷德里克·勒诺瓦（Frédéric Lenoir），他的组织名称"La Fondation SEVE"是"savoir être et vivre ensemble"的首字母缩写，可以大致译为"学会如何生活及共同生活"（Lenoir 2016）。我承认，这样的概念可以使儿童彼此进行美好的对话交流，我在实践中也目睹了许多。然而，作为一个关心儿童时期责任自主性发展并且非常尊重儿童哲学能力的人，我认为这种比较柔和的方式往往是不够的，因为它有碍于问题性思维的显现。它过分强调了辅导的"简单化"方面，从而忽略了困难化的意义。从某种意义上来说，这种方式是给观念强加了中心性和共性的标准，却有可能破坏其可竞争性。这里的可竞争性是说，所有人都应该重视这些观念，并且就其有利描述达成共识。

事实上，根据我的经验，当孩子们被邀请去探究具有明确积极意义的概念时，例如和平与同情，他们往往会说出他们认为成年辅导者想听到的内容。这就导致了我所说的"现成的回应"，他们的回答往往来自之前在这个话题上得到的经验教训。举个例子，如果一个班级被邀请在学校里分享对于关心和善意的想法，而这两个概念在这里都属于宪章价值观的一部分，那么这些现成的回答就会掩盖可能潜伏在表面之下的真实思维中存在的错误。相反地，如果儿童有机会去探究更多棘手或是禁忌的概念，例如残忍、复仇、歧视、痛苦或叛逆，他们就不太可能有蓝图可循。因此，哲学上的刺激会产生真正的思考，尽管也可能是令人不安的思考。就好像津津有味的话题会引发一种字面上的或隐含的"我们真的在谈论这个吗"的具体反映，从而打开讨论的闸门。由于这类哲学探究共同体对话涉及的是儿童的未知概念领域，因此他们似乎更倾向于说出自己的实际想法，而不是针对某些教科书的答案。

随之而来的是一连串高风险时刻——所有这些都会暴露出刻板观念以及与之相关的存疑的规范性主张，这可能会危及儿童正在不断发展的责任自主性。但是，随着这些关系上存在问题的想法浮出表面，一个负责加剧困难的辅导者就可以真正开始工作了，他需要利用高风险时刻来判断这个群体需要什么样的思维工具和心理倾向。在我看来，儿童哲学教学项目作为预防暴力极端主义辅助手段的真正潜力就在于此。在一个精心策划、给予支持的对话氛围中，儿童有足够的安全感去面对不适感，从而能够分享他们当下的信念，无论好的、坏的或丑的。其他人也有机会进行反思，根据他们已知的以及在成人加剧困难的举动下提出的质疑，去继续相信那些看似合理的东西。

我担心，如果没有这种刺激，辅导者可能无法发现儿童观念中存在的思维错误。如果是这样，这些思维错误将继续存在、不被察觉，进而导致错误的推理和有道德问题的立场，甚至发展成为暴力极端主义。实际上，在关于无爱世界的思想实验中，其部分目的是为了真正激起高风险时刻。与其让儿童对爱本身进行诗意的描述，不如通过这种哲学上的刺激让儿童有机会用明确的关系基础将一个概念复杂化,同时向霸权理解提出质疑(甚至可能是多样化的)。简而言之,哲学探究共同体对话需要一种困难化的策略,使儿童作为新兴主体的思维复杂化,而不是过于简单化。

最后也是最重要的一点,情感疏远的风险也使成年辅导者在辅导与加剧困难之间摇摆不定,使哲学探究共同体对预防暴力极端主义承诺更加敏感。交错的社会决定因素和干扰条件可能已经使一些儿童在日常生活中感到被疏远,成年辅导者应当注意到这些,从而尽力防止儿童在哲学探究共同体验中也受到情感疏远。在加剧困难方面,成年辅导者需要在察觉到人身敌对时,予以突出强调。此外,当一项探究确实通过轻蔑话语或身体语言产生了情感疏远时,成年辅导者必须为那些被疏远的儿童营造一个安全的空间。这样的空间可以让他们分享自己被压制或被排斥的难过经历,而后当群体从认知僵化转而具有更强的灵活性时,这些经历可以成为群体进行自我纠正的一个参考点。与预防暴力极端主义承诺尤其相关的是,由此产生的具体层面上的元意识,也就是我所说的身体机智(bodily tact),可能会让儿童意识到他们的说话方式和话语内容同样重要。这甚至阐明了,如果不对说话方式多加注意,就有可能导致优先考虑到某些发言者从而忽略了其他人的风险。就像历史上的哲学探究中,那些被忽略的边缘化声音。

结　语

最后,我在本文中所倡导的儿童哲学教学方式要求概念的意义不能被直接给到。如果要增强儿童哲学教学法作为预防暴力极端主义辅助手段的潜力,即使是价值观的价值也需要进行探究和讨论。通过旨在促进认识论灵活性的哲学探究共同体对话,儿童作为新兴主体最终可能会在反思中认可一种改变了的观念,这种观念比起他们原先的刻板观念,有了更多的角度和层次,也更加公正地对待当代复杂生活中存在的种种差异。如果目的是在儿童时期培养其责任自主性,那么会有冲突产生,即成人既想教授儿童价值观,又想参与到像哲学探究共同体这样的对话方法中。导致的混乱结果可能会疏远了儿童,还会影响到他们早期以合理的关系方式进行自主生活的尝试。就预防暴力极端主义承诺而言,危险不在于他们现成的回应,而在于他们所掩盖的思维错误。一个孩子可以诗意地谈论和平与同情,但只有当她被迫对该观念以及与其处于紧张关系的其他概念和背景选取立场时,才可能会意识到这些被认为是真实和可信的观点和过程所存在的模糊性。这样一来,儿童可能会从教条式的信念转向"兴奋的怀疑"。皮尔斯(Peirce 1997,p. 12)将其描述为灵活探究的必备要素。打个比方,让她对哲学探究心痒痒的不是像和平是好的而暴力是坏的这种直觉,而是当她被邀请去触及(概念)表面时产生的令人不适的摩擦感。

（王笑妍　译）

参考文献

Boler, M. (1999). *Feeling power: Emotions and education*. New York, NY: Routledge.

Boydston, J. (1990). *The collected works of John Dewey: Early, middle and late works*. Carbondale, IL: Southern Illinois University Press.

Curley, E. (Ed.) (1996). *Spinoza's ethics*. London: Penguin Books.

Curtis, M. (1991). Walter Lippmann reconsidered. *Society, 28*, 23 – 31.

Festenstein, M. (2001). Inquiry as critique. *Political Studies, 49*, 730 – 748.

Fletcher, N. M. (2014). Body talk, body taunt: Corporeal dialogue within a community of philosophical inquiry. *Analytic Teaching and Philosophical Praxis, 35*(2), 10 – 25.

Fletcher, N. M. (2016). Negotiating the pseudo-environments of childhood. In D. Kennedy & B. Bahler (Eds.), *Philosophy of childhood today: Exploring the boundaries*. Landham, MD: Lexington.

Fletcher, N. M., & Oyler, J. M. (2016). Aspirational eros: Curating an aesthetic space for argumentation. In M. Gregory, J. Haynes, & K. Murris (Eds.), *Routledge international handbook on philosophy for children*. New York, NY: Routledge.

Friedman, M. (2003). *Autonomy, gender, politics*. Oxford: Oxford University Press.

Gregg, M., & Seigworth, G. J. (Eds.) (2010). *The affect theory reader*. Durham, NC: Duke University Press.

Gregory, M. (2007). Normative dialogue types in philosophy for children. *Gifted Education International, 22*(1), 160 – 171.

Gregory, M. (2008). *Philosophy for children: Practitioner handbook*. Montclair, NJ: Institute for the Advancement of Philosophy for Children.

Gregory, M. (2011). *A framework for facilitating classroom dialogue*. Presentation at the Annual Summer Seminar. Mendham, NJ: Institute for the Advancement of Philosophy for Children.

Kennedy, D. (2010). *Philosophical dialogue with children: Essays on theory and practice*. Lewiston, NY: Edwin Mellen Press.

Lee, K. J. (1986). Doing Mark in a juvenile correctional facility. *Thinking: The Journal of Philosophy for Children, 6*(3), 9 – 16.

Lenoir, F. (2016). *Philosopher et méditer avec les enfants*. Paris: Michel Albin.

Lipman, M. (1988). *Philosophy goes to school*. Philadelphia, PA: Temple University Press.

Lipman, M. (1996). *Natasha: Vygotskian dialogues*. New York, NY: Teachers College Press.

Lipman, M. (2003). *Thinking in education*. Cambridge, MA: Cambridge University Press.

Lippmann, W. (1922). *Public opinion*. New York, NY: Brace and Company.

Mackenzie, C., & Stoljar, N. (Eds.) (2000). *Relational autonomy: Perspectives on autonomy, agency and the social self*. Oxford: Oxford University Press.

Peirce, C. S. (1997). The fixation of belief. In L. Menand (Ed.), *Pragmatism: A reader*. New York, NY: Vintage.

Sharp, A. M. (1993). Peirce, feminism, and philosophy for children. *Analytic Teaching, 14*(1), 51 – 62.

Sharp, A. M. (1997). The aesthetic dimension of the community of inquiry. *Inquiry: Critical Thinking Across the Disciplines, 17*(1), 67 – 77.

Splitter, L., & Sharp, A. M. (1995). *Teaching for better thinking*. Sydney: Australian Council for Educational Research.

Wright, B. (1973). *Five public philosophies of Walter Lippmann*. Austin, TX: University of Texas Press.

协商民主决策、共通价值和文化多元化：
通过教育防止暴力极端主义刍议

费利萨·蒂比茨*

在线出版时间：2019 年 4 月 5 日
◎联合国教科文组织国际教育局 2019 年

摘　要　在多元文化和价值观中，培养学生的凝聚力和接受力是开展优质教育和防止暴力极端主义的条件。本文认为，协商民主决策可以促成（准共通）价值观达成统一，使其同时涵盖包括人权在内的共通价值观的主张以及多元主义和特殊主义的主张。本文指出，任何价值体系一旦确立统一后，就会自发生成相应的课程体系和教学过程，这有助于发展优质教育和防止暴力极端主义。将价值观明确标定为全校师生共同探究和认同的主题，这有助于为学生营造一个良好的学习环境，也能更好地防止暴力极端主义现象。本文详细探讨了以上观点，并就如何在教育体系中阐明批判性价值观提出了具体措施，帮助学生认识到普遍性和多元性是如何共存的。

关键词　价值观教育　协商民主　防止暴力极端主义　人权

引　言

联合国认为，防止暴力极端主义（Prevention of Violent Extremism，PVE）的一

---

*　原文语言：英语

费利萨·蒂比茨（美国）

荷兰乌得勒支大学教科文组织人权与高等教育主席、哥伦比亚大学师范学院的讲师和南非纳尔逊-曼德拉大学的客座教授。蒂比茨博士在人权教育领域广为人知，她的学术论文发表在《比较教育学》(*Comparative Education*)、《和平教育杂志》(*Journal of Peace Education*)、《教育展望》(*Prospects*)、《跨文化教育》(*Intercultural Education*)和《国际教育评论》(*International Review of Education*)等众多书籍和期刊上。她曾为教科文组织、欧盟委员会、联合国人权事务高级专员办事处、欧洲安全与合作组织/民主制度和人权办公室和开放社会研究所编写教育手册。她与他人共同创办了人权教育协会（HREA-www.hrea.org)，并在 1999 年至 2011 年期间领导该协会。

通信地址：Teachers College, Columbia University, 525 West 120th Street, Box 55, New York, NY 10027, USA

电子信箱：mailto:ft2442@tc.columbia.edu

个途径就是开展优质教育，它应该要帮助年轻人做好准备来参与社会建设（United Nations 2015，para 12）。联合会儿童基金会和联合国教科文组织提倡采取以人权为基础的方法，以此来强调学校生活有很多方面会对孩子的优质教育产生影响（UNICEF/UNESCO 2007）。优质教育包括学习人权价值观，联合国和国际社会在联合国可持续发展目标第四项第七点中也重申了该点。

在多元文化和价值观中，培养学生的凝聚力和接受力是开展优质教育和防止暴力极端主义的条件。但是各种价值观本身十分复杂且存在争议。那么，如何统一不同价值观，并且用于促进凝聚力的培养呢？如何同时兼顾共通价值观和特殊主义？这些价值观又是如何直接影响课程体系建设和教学实践的呢？

本文认为，协商民主决策（Deliberative Democratic Decision，DDD）可以促成（准共通）价值观达成统一，使其同时涵盖包括人权在内的普遍价值观的主张以及多元主义和特殊主义的主张。关于这些价值观从上往下/从下往上的共识，最终会对课程设置和教学过程造成影响。

在学校里开展价值观的协商民主决策活动，这其实是一种培养亲社会型价值观和探究、参与技能的方法，也有助于防止暴力极端主义。在当前的理论实践中，已经有很多通过教育防止暴力极端主义的方法。其中最值得关注的一个方法是教科文组织提供的：培养教师的批判性思维以及在课堂上应对敏感争议话题的能力（UNESCO 2016）。在学校环境中，这种协商民主决策的方法能够很好地支持其他防止暴力极端主义的方法。

让学校或者国家参与到这样的价值观讨论中显然不是一件简单的事。虽然最终目标是要提出能影响人们行为的共通价值观，但这种讨论只会发生在多元文化环境中。整个协商民主的过程必须做到真正民主，这样才能影响整个学校的学风和行为。

这些努力不仅是过程性的努力——参与过程很重要——也是实质性的努力。我认为，价值观讨论的一个很好的出发点就是人权价值观。人权价值观能分为可被认可的共通价值和能激励人的共通价值。本文论述了联合国关于共通价值的主张，尤其是那些和人权相关的共通价值，并且提出了一种"有限度的共通主义"的方法。该方法既以哲学为基础，又以教育为指导；既认可价值的共通性，也承认价值的特殊性。

然后，就如何从国家和学校多个层面出发，开展这种有限度的共通主义的讨论，笔者提出了自己的建议。并且就学校如何组织该类重要价值观的阐述活动，笔者也提出了一些实用建议。

最后，笔者认为任何价值体系一旦确立统一后，就会自发生成相应的课程体系和教学过程，这有助于发展优质教育和防止暴力极端主义。当然，对于学生而言，价值观是在学校学习时自然习得的。学生既能通过学校设计的课程（包括教学内容和教学过程)习得价值观,也能通过隐性课程(包括课堂气氛、人际关系、参与机会和其他影响学生价值观、学习态度和行为的非课程因素)的社会化效应习得价值观。将价值观明确标定为全校师生共同探究和认同的主题,这有助于为学生营造一个良好的学习环境,也能更好地防止暴力极端主义现象。

本文没有论述其他有价值的围绕教育所提出的防止暴力极端主义的策略,比如让被分隔开的青年群体彼此更密切地接触,以此促进教学过程的多样性。但是,这些方法已经在学校内运用起来,有助于学校就价值观开展协商民主活动,并且在体现人权的校级规范上达成了共识。

暴力极端主义

国际上对暴力极端主义没有统一的定义。其中最常见的定义——也是联合国教科文组织使用的定义——是指支持或使用暴力达成意识形态、宗教或政治目标的人的信仰和行动。"暴力极端主义"也指仇恨和暴力对象的敌人(UNESCO 2017,p. 19)。

激进化(radicalization)这一术语同样也存在争议。在防止暴力极端主义中,它通常用来"描述一个人采取极端观点或行为使暴力行为合法化的过程"(UNESCO 2017,p. 20)。

产生暴力极端主义的主要原因包括社会环境、政治局势或缺少优质教育,这些都会导致暴力极端主义更加复杂且难以预防。为了更好理解这些原因,联合国教科文组织将其分为两类:"外部推动因素"和"内部拉动因素"。外部推动因素是指更广泛的社会经济、文化和政治条件;内部拉动因素是指个体心理和情感因素(UNESCO 2017,p. 21)。

直到最近,国际上才开始认可教育在防止暴力极端主义和消除年轻人激进化方面的作用。其中很重要的一步就是通过了联合国安理会第 2178 号决议,该决议强调了"消除有助于暴力极端主义传播的条件,[……],包括增强青年、家庭、女性、宗教、文化和教育领袖以及民间社会其他相关群体的权能"(UNESCO 2014,para 16)。2015 年 12 月,联合国安理会通过了第 2250 号决议,该决议也强调需要开展"优质的和平教育,使年轻人能够参与公民结构和普惠性政治过程"[重点已用斜体予以标注],并且呼吁"所有相关人员要建立一个能发扬和平包容文化的文化和宗教间对话机制,阻止年轻人参与暴力行为、恐怖活动、仇外心理及一切形式的歧视活动"(UN 2015,paras 12 - 13)。

国际社会释放的另一个重要信号就是,联合国教科文组织执行委员会作出了一项重要决定,明确肯定了教育的重要性,它能防止恐怖主义、暴力极端主义、种族宗教不容忍、种族灭绝、战争罪和反人类罪(UNESCO 2015)。无论是通过学校、社团、社区组织还是在家接受到的教育,它都是社会承诺遏制和防止暴力极端主义抬头的重要组成部分,这一点毋庸置疑。

教育的作用如下:

* 有助于培养年轻人所需的交流和人际能力,他们可以进行对话、处理异议和学会以和平的方式进行变革;
* 有助于培养年轻人的批判性思维,他们可以研究主张,验证谣言和质疑极端主义信仰的合法性和吸引力;
* 有助于培养年轻人抵制极端主义分子言论的能力,获得他们所需的社会情感技能,以此克服疑虑,在不诉诸暴力的情况下参与社会建设(UNESCO 2016, p. 15)。

对全校价值观开展协商民主决策涉及上述教科文组织执行委员会提出的很多能力:对话、批判性思维以及以和平和人权为导向的价值观。

价值的定义

"价值"的定义强调了不同方面,通常彼此也不矛盾。在众多定义中,"价值"被认为是适用于信仰和行动的标准,对个人福祉,尤其是与他人的关系有影响。霍尔斯特德和泰勒(Halsted and Taylor, 1996)以及施瓦兹(Schwartz, 1994)对此作出的论述尤其相关。霍尔斯特德和泰勒(1996)认为价值有以下定义:

> 人们认为本身是"好"的事物,比如爱情,以及人们认为是个人或社会喜好的事物;
> 经过深思考虑后,从各项选择中选出的且起作用的信仰、态度或感受;
> 关于价值的情感承诺和观念;
> 总体来说能促进人类福祉的事物(物品,活动,经历等)(p. 5)。

施瓦兹(1994)在研究跨文化语境下的价值观时指出,根据相关文献,人们十分认同价值观定义的五个特点:"价值观是(1)一种信仰;(2)属于理想的最终状态或行为模式;(3)它不局限于特定情境;(4)能够指导人们对行为、人物和事件进行选择和评估;(5)和其他价值观相比,它能根据重要性对价值排序,形成一个价值观优先体系"(p. 20)。

人权既有规范性也有法律性。人权规范可被视为是道德或伦理价值(我将它们视为同义词)。我们可以把道德价值观看作帮助人们发展自身,更好生活,处理人际

关系和组织社会活动的准则。像人权这种彼此相互关联的价值观，可被当作一个
"价值观体系"。

（共通）人权和责任

康斯坦丁尼得斯（Constantinides，2008）强调"共通性（universality）"这一术语
概念不够清晰。他指出学者们对该术语的定义是基于"普惠性、规则的接纳和遵守、
历史起源、规则的起源和产生、人类和哲学接受度、一致性、不可分割性和合法性"
（p. 51）。

即使存在时间、地点和个人性格背景的差异，"共通性"仍适用于所有人。因此
"共通价值"指所有人共同的或者应该是所有人共同的价值。因此，我们可以将共通
价值认为是共同价值。

东西方在人权方面的差异这些年来一直在不断变化，两个阵营都不是一成不变
的。最初，东方认为整个社会的权利十分重要，西方则强调个人权利。这两方本来
是相互对立的，但随着时间的推移，双方慢慢认可了社会权利和个人权利（《非洲人
权和人民权利宪章》），并且也认可了群体权利（《土著人民权利宣言》）。在西方国
家，人们关于某些经济社会权利的想法一直在不断发展。与此同时，联合国的声明
也重申了共同价值观。《千年宣言》（Millennium Declaration）提到，"所有国家都重
申基本价值观是'21世纪处理国际关系的关键'，包括自由平等、团结宽容、尊重自
然、共担责任"（United Nations 2000）。

人权共通化的支持者指出，目前有证据表明，至少有部分人权已经被普遍接受。
各国政府都谴责有预谋的和严重侵犯人权的行为，如种族灭绝、酷刑和非自愿失踪
（Baehr 2000）。虽然从各国政府的行为中不一定能够反映出这点，但是至少说明了
国际社会中有"关爱人权"这一趋势存在。

玛莎·纳斯鲍姆（Martha Nussbaum，1999）提出了内在的"人类能力"的观点。
因此，她认为有同时存在的社会目标能确保这些能力能够产生。纳斯鲍姆在人类发
展方面提出的"能力"方法——有些人将其与普遍主义相联系——始于"对人的基本
能力的价值和尊严的认识，将其视为运作的基本要求和产生相互关联的社会政治义
务的要求"（1999，p. 44）。

有趣的是，人权制度的捍卫者反对将自身提出的历史特殊论和欧洲启蒙运动相
联系，这最终会导致他们将人权价值观和世界各地不同的特殊的宗教信仰联系在一
起（Nussbaum 1999，p. 57）。宗教信条中存在着宽容和自由这类概念以及不歧视和
平等这类价值观。这些信条往往塑造了更广泛的国家乃至区域文化。

有限度的共通主义

最近的学术研究指出，通过接受共通主义和特殊主义的信条，有可能解决这一复杂的争论。哲学上有关于共通价值观（基于人道主义）可取性的论点，有证据表明我们可以在重要宗教、世俗和政治文章中找到此类价值观。这些都是关于跨国研究中个人珍视的价值观的规范论证，部分论述能够在一些心理社会的实证研究中得到证实。共通主义的反对者指出，文化内和文化间的差异反映出文化的特殊性，并且指出这些价值观的基础必然是主观的（相对的）。

正是共通性和多样性共存，将绝对主义和特殊主义的立场联系起来，这也被称为"有限度的共通主义"（Enslin and Tjiattas 2009，p. 3）。很多道德哲学家、社会学家和实用主义者都是有限度的共通主义者。他们认为共同价值是存在的，通常被称为共通性，但这些价值不是绝对的。在不同文化中，它们会展现出细微差异。对此，我们也将其称为"不同的共通性"（Segal，Lonner，and Berry 1998，p. 4）。

几十年前，学者和宗教领袖们试图在联合国倡导的共通价值观的基础上发展全球伦理学。基于《世界人权宣言》（Universal Declaration of Human rights，UDHR）和《黄金准则》（Golden Rule），联合国制定了《全球伦理宣言》（Universal Declaration Toward a Global Ethic，Parliament of the World's Religions 1993）。以下部分节选自该宣言，其中对准共通主义的介绍令人耳目一新：

> 在教育价值观讨论中，我们的立场是反对官方承认某个群体的价值观高于其他群体，也反对认为所有价值观的效力相同。简单列出一些共通道德价值观，可以将绝对主义和相对主义联系起来，也可以将品格教育的观点和价值教育的观点相联系。多样性和共通性可以共存（Kinnier，Kernes，and Dautheribes 2000，p. 7）。

然而这一提议虽然令人欣慰，但是也提出了两个新问题。第一，人们如何判断被讨论的价值是共通价值的变体还是一种完全不同的价值，这个问题或许也可以归为分类问题。第二，我们是否都不能接受任一共通价值变体，这一点如何评价，并且由谁评价。这个问题更加紧迫。原则上，如果一种变体被认为是"微不足道"的，那么我们是否可以认为它跟当地群体接受程度有关，因此就不会再对其进行研究。或者说，我们从道德上就无法接受一些价值变体，那些会变成什么样？变成什么样会侵害到人类尊严？

例如，纳斯鲍姆（2002）认为，应该基于相关原则来分析文化间不相容的证据。也许我们还需要根据相关原则对文化的贡献进行评估，以及它们对个人和人类尊严造成的伤害。一方面,我们需要抵制共通性肆虐;另一方面,我们也需要抵制相对主义出现同样的情况。我们可以通过观察每种情形的具体情况,并且依据灵活性原则来找出一定的答案,虽然这些答案不完整,但至少可以提供一部分答案。

下一节的内容提到了一种混合方法,其对于价值观的态度介于共通性和特殊性之间。我们将从实用性的角度出发,对此进行讨论。

价值观、文化和学校教育

通过一系列各种正式和非正式机制,道德价值观和价值体系得以传递。这些机制包括法典和教义——法律、宗教信条、道德准则——以及象征艺术、语言、历史以及家庭和学校中的各种社会化实践。价值观有内在化、个人化和共享性的特点,因此价值观是产生群体认同的基础。

认同特殊主义价值体系的人,有时会从文化多元主义出发,提出这样一种观点:文化具有多变性。这不仅因为文化(像个人身份一样)本身就具有多元性和多变性的特点,而且个人会根据自身情况接受不同文化,对其作出解释,产生作用。

尽管文化内部和不同文化间存在差异,但负责组织社会空间和希望人类行为有一定程度的同质性特点的人——治理和政治参与的形式、宗教信仰的形式和专业实践——都制定了详细的价值体系,它们不停复制,就形成了我们所说的"文化"。

很显然,学校在价值观的教育中起着核心作用。正如李(Lee)所说,"如果说价值观和文化是相互影响、紧密相连的,那么教育和价值观、文化之间的关系也是如此"(2001,p. 29)。关于学校作用这一问题,最初它包括价值观教育的内容和方式:学校应该强调哪些价值观? 用什么方式来实现? 学校的价值观(如"核心价值观")能否与学校的文化和实践保持一致? 学校会将这些价值观明确化和规范化到何种程度? 学校是会通过这些价值观来继续再现已被接受的价值观(谁的?)还是鼓励批判性反思?

这方面一个公认的研究领域是教育政策,包括教育法律和课程政策。学校可以直接通过教师、学校、政府各自或共同选择的课程内容(必修课和选修课)来向学生介绍价值观,也可以通过促进讨论、批判性反思等教学法来引入价值观。此外,通过课堂上和学校环境中的"隐性课程"来教授价值观,包括人际关系、课外活动、领导发出的信号、学生参与和改造学校环境的机会等。

通常,学校不会充分解释或阐明其价值观。即使学校有关于价值观的声明,但是学校内部对于其内涵也不一定能达成统一(例如"尊重他人"),而且价值观声明中的内容可能不同于学校的实际做法(Halstead 1996,p. 4)。已实施的课程只是学生在学校中价值观体验的一小部分——在这种环境中,口头表达出的价值观和实际行为所展现的价值观往往不一致。

教育中价值观的传播是在文化复杂的学校环境中进行的。学校环境之所以复杂，是因为它们本身就是文化和社会的缩影：

> 学校、教师、家庭、媒体以及青少年同龄人群体，都对青少年的价值观念和青少年的发展有着重要的影响；学校反映和体现了社会的价值观；社会的价值观并不是一成不变的（Halstead and Taylor 1996，p. 3）。

在这种情况下，许多群体希望能够影响教育过程中所传递的价值观，包括教师、学生、家长、社区领导、公司老板和政客。在这些群体内部和不同群体之间，也会存在着政治、社会、经济、宗教、意识形态和文化价值观的巨大差异（Halstead and Taylor 1996，p. 3）。

教科文组织强调的与防止暴力极端主义相关的价值观是：团结一致、尊重多样性、人权和学会共同生活（UNESCO 2015，2016，2017）。因此，在教育系统或学校中，哪些价值观会被确认为共同价值，哪些价值观被确认为有不同的共通性，这需要进行广泛的协商讨论。

道德教育和价值观教育

在教育中推广哪些价值观是一个长期存在的问题，解决这一问题有关的教育传统和学术研究包括"道德教育""价值观教育""价值观阐释"和"品格教育"等。李（2001）提出，"价值观教育重点关注宗教价值观、品格塑造、文化遗产、社会规范、政治价值观、行为方式、态度、对国家和社会的感情、意识形态等"（p. 36）。道德教育与规范的价值观教育有关，包括宗教教育、品格教育和弘扬民族意识形态和哲学的学科（pp. 36 - 37）。

从历史上看，各个社会都将教育价值观与宗教价值观联系在一起。人们发现，在大多数国家，学校都是基于宗教价值观和文化而组建起来的。实际上，正如《世界价值观调查》（World Values Survey）所指出的那样，这些价值观在强调传统价值观的社会中可能更为普遍。尽管很多国家对于宗教教育的学科设置和教学内容不同，有些国家将其设置为必修课，有些则是选修课，但是宗教教育是国家课程体系的一部分。（例如，宗教的类型包括差异宗教、人类宗教和生命灵性；Woodhead & Heelas 2000，引自 Cairns 等人，2001，p. 64。）

李（2001）的问题是，学校是有意识地向学生传递社会价值观（"规范性"方法），还是积极鼓励批判性反思，让学生自主决定自己的价值观（"描述性"方法）（p. 33）。规范性方法——与道德教育相关——强调共通价值观或被认可的价值观，旨在产生良好的道德行为和态度。描述性方法——被称为"价值观教育"——认为教育的作用是定义描述"道德领域",让学生自行区分道德和非道德。这种方法通常是通过"价值阐释法"来实施的,这种教学方法让学生能探索和形成自己的价值观体系(Lee 2001,p. 33)。这两种方法都可以采用互动方法、批判性分析和透视法,笔者将在本节后面具体阐述这些方法。

价值阐释法反对将价值观强加于人,提倡学生探索和形成自己的价值观体系。它也和道德推理法和公正社区法相关(见 Blatt 和 Kohlberg 1975;Kohlberg 1976;Kohlberg 1984;& Power、Higgins & Kohlberg 1989)。这种方法考虑到了对青少年价值观的多种影响——包括学校外的影响——但是它也忽略了学习基本价值观的必要性,在处理有争议的价值观之前尤其应该学习这些基本价值观(Halstead 1996,p. 10)。

在这场关于教育价值观应采取描述性方法还是规范性方法的辩论中,我们还发现了其他问题。例如,课程如何处理多样性和包容性? 多数/少数文化以及个人自主权等问题? 这些问题的答案同时受到教育理念和所处环境的历史背景的影响。如果说学校反映的是社会中多数群体的文化和观点,那么这种说法过于简单,因为国家和社区反映的是不同程度的同质性文化和共享文化。教育系统,学校,甚至教师本身对学校价值观的作用和传递都存在着不同观点。

纳斯鲍姆关注的是通过定型表现在教育中学习"他人"。阿达米(Adami,2014)认为,问题在于叙述本身——这些叙述如何"在教育中讲述、倾听和分享"(p. 301)。共通主义和排他主义方法都有一个潜在危险,就是缺少对个人身份和文化的批判性反思活动。

教育价值观辩论的另一个重要特征与学生的年龄和成熟程度有关。社会认为,学校在学生的社会化方面发挥着重要作用,并且学校应该帮助学生在内心建立起最初的伦理框架。这个框架可能包括之前提到的几个要素:学生如何看待自己,如何对待他人,如何对待环境等。

另一方面,高年级学生已经具备一定的基本道德价值观。因此,教育系统的作用可能是鼓励学生反思改善自己的价值观,并不断添加新内容——但当前的问题是:在什么基础上进行这些活动?

这方面的争论表明,在实践中,对教育价值观中的规定性和描述性方法的区分还不是很清晰。价值观教育(描述性)以选择为中心,但总是发生在学生已经接触和已经社会化的特定价值观中。学生的价值观并不是凭空产生的,而是受到学校内外多方因素的持续影响(Halstead 1996,p. 10)。因此,要解决如何在教育中对待价值观的问题,就必须考虑到学生的年龄、当地环境等其他特点。

在教育中传授价值观的一种混合法

就像共通主义和相对主义之间的哲学辩论一样,我们有一定的空间来制定策略,使学校既能发挥其社会机构的作用,又能发挥解放思想的作用。在学生年幼的时候,学校可以采取规范性方法对他们进行价值观教育,给他们提供道德指导,帮助他们巩固自己在群体中的身份。这一框架内提供的价值观为低年级学生提供了道德基础,使他们能够理解自己在社会中所扮演的角色。这种方法承认价值观的多元性,但不支持绝对化的相对主义。此外,价值观教育的规范性方法认可学校的作用,通过显性课程和隐性课程,学校在青少年的价值观形成中扮演着社会化的角色。无论如何,我们需要在更广泛的背景下来看待学校在价值观教育上的特殊作用。

随着学生慢慢长大,心智逐渐成熟,学校可以引进一种更具"描述性"和探索性的价值观导向的教学方法。它既反映了青少年理解复杂概念和多视角从事实践活动的能力在不断发展,也反映了青少年越来越希望自己能和成人区分开。本哈比(Benhabib)观察到,学生"通过在具体情境中重新定位或重申普遍性,来协商他们的相互依赖性"(2007,p. 19,转引自 Enslin & Tjiattas 2009,p. 5)。我们可以假设,不管一种文化中的传统主义的程度如何,成熟的学习者倾向于体验某种程度的自由,包括与价值观选择相关的自由。尽管这一立场是从个人发展的角度出发,而不是从政治立场角度出发,但它与个人自主权、个人选择和个人自由中所说的自由观念是一致的。

因此在教育中传授价值观要采取一种混合方法,不仅要考虑到文化的统一性和特殊性,还要考虑到学生的年龄和成熟度的变化。以下是适应这种教学方法的一些具体策略,可将其纳入课程内容和课程教学策略中。在学校中和课堂上的"隐性课程"的作用下,这些教学策略和过程会不断强化。

全校性的价值观

文化的多元性并不意味着价值观的多元性就是矛盾的。尊重不同文化并不意味着学校不提倡某些与是非相关的道德价值观。有些价值观可能被认为是跨文化价值观(Warnock 1996,p. 49),也就是前面讨论过的"共同价值观",有时也被认为是共通价值。其他的价值观可能是文化特有的变体。

随着社会更加多元,各国学校的课程往往包含了共通主义和相对主义的价值观。托马斯(Thomas,2000)指出,在亚洲,这是一个"选择和融合"的过程,课程内容既借鉴了"亚洲价值观",也借鉴了"西方价值观"。全球化,特别是西化,似乎影响着这些课程不断变化。

我们可以鼓励学校制定一份价值观声明，其中包括与跨越不同文化、促进人类福祉的价值观相一致的共同价值观（包括公认的核心人权价值观和提议的共通价值观）。这些核心的共同价值观包括尊重他人、公正平等。这些具体的价值观可能与更广泛的道德体系相关，无论是世俗的（如人权）还是基于信仰的道德体系。然而，学校传授哪些价值观取决于学校自己的特点和选择。重要的是，任何涉及全校性价值观的声明都要具备包容性，要能适应学校环境中的多种身份和多元文化。

制订价值观声明的学校和教育系统可能需要对当前做法进行审查、讨论，也可能会修改。可以进行一次"价值观审查"，让学校不同成员都参与进来。下述问题，可以针对教师、家长和学生分别进行调整；其答案不仅会影响到价值观声明的制订，也会影响到价值观的实施策略。根据教育系统的集中化程度，学校会有更多或更少的机会制定符合其价值观声明的课程。

以下问题可用于价值观审查：

特定的价值观（无论是政治、道德还是宗教价值观）是否只有在特定文化或特定传统中才有效力？

是否有足够的共通价值观基础来支持共同的教育框架？（家长能否自由选择具有不同价值观的学校？）

当前学校所教授的价值观是否（有意或无意地）强化了某些社会阶层、宗教或文化群体的特权地位？

是否有绝对的价值观，还是只有变化的、相对的价值观？

学校应该反映传统的价值观，还是设法改变这些价值观？

学校应该向学生灌输价值观（品格教育），还是教导他们自己探索发展价值观（价值阐释或道德推理）？

教师在教学中是否应该采取中立或无价值观的教学方法？（Halstead 1996，p. 5）。

除了要考虑到课程教学过程中对价值观的显性处理外，还必须考虑到学校的"隐性课程"。隐性的价值观教育是通过教师和校内其他成年人的行为、学生影响学校的机会以及学校文化的其他方面来进行的。

教学内容和教学方法

对年幼的儿童来说，引入价值观可以被认为是学校社会化作用的一部分。因此，对于那些被认为是个人参与当地社区和成为社会成员所必需的重要价值观，教育系统、学校课程和经历最好能一直加强巩固这些价值观。

在青少年的课堂和校内生活中，这种社会化过程既会以显性的方式出现，也会以隐性的方式发生。因此在这方面，教育者将所涉及的价值观视为"共通的"还是

"特殊的"并不重要。

混合法表明，可以向低年级学生介绍更加"全球性"的价值观。例如，一旦学生已经内化了有关校内学习生活的核心价值观（比如与"价值观声明"联系在一起），那么可以通过课程告诉他们，世界上存在着不同价值观体系，包括法律制度和不同宗教中的价值体系。

但是，重点仍然要放在共同价值观上，向学生说明我们是如何在不同的文化和制度中得出这些共同价值观的。这种混合法肯定了与人类尊严、平等和选择自由相关的跨文化核心人类价值观，也认可了社会上有价值群体的成员身份。这些内容最好是在课堂上呈现，并且教师应采取一种既能培养学生这方面意识，又不诋毁他人的价值体系和文化的方式。因此，在核心价值观方面，"规定性"的价值观教育方式，或许能容纳核心价值观的多元起源。

对于高年级学生，可以采用复杂一些的"描述性"的价值观教育方法。通过对价值观进行阐释、批判性分析和调查活动，学生可以批判性地看待学校内外和社会中的价值观。在认识到这些价值观的过程中，成熟的学生可能会对这些价值观进行一定程度自主选择：他们钟爱哪些价值观？又对哪些价值观会有疑问或不认同？

共通主义和特殊主义的混合法会影响到高年级学生的课程设置和课堂教学过程。课程设置可以：

- 以中立的方式解释价值观的性质和起源，特殊价值体系和共通价值体系的例子都需提及。

- 展示跨文化价值观和特殊主义（包括宗教）文化之间的联系，无论是本地的还是其他地方的。这并不否定当地的传统，也不是把它们等同于其他传统，但这样做可以确立价值观的共通性。

- 要认识到围绕着人的尊严寻求共性的重要性，同时也要认识到特殊性。这种认识应来自学生自己的生活经验，而不是从概念中了解到。

- 介绍一个准则：文化是会变化的，人们有时会用新的方式应用同样的价值观。价值观自身也会不断发展。

- 介绍人权价值方面的共通性和相对性论点之间的对立，但也要让学生了解到通过共通价值观这一原则，可以使双方达成妥协。

- 讨论人权价值观已被编入国际人权法并继续演变这一现象。各国的人权保护制度各不相同，但人权法仍极具生命力。即使各地人权保护制度不同，但是基本人权不应受到侵犯，如免受酷刑和奴役等基本人权。

- 使学生能够探索自己的价值观和信仰——内容、来源、意义和应用——认识到这些价值观和信仰会随着时间的推移而改变。

- 介绍共通价值观，让学生思考他们自己的价值观是与共通价值观相冲突还是得以强化。

• 要认识到不同的价值体系，甚至是相矛盾的价值体系也在不同社会中共存，并讨论可据以对其进行辩论的条件。同时也要对某些价值体系的影响进行批判性反思（"谁可能会受到伤害？"）。

• 加强学生对价值观来源和重现的认识，介绍封闭价值体系中仇恨、民族主义和排他性爱国主义重现的问题。

即使教育政策制定者或课程开发者踌躇满志，他们也面临着要解决其中大部分建议的难题。我们可以在一个致力于促进教育中的价值观的科目中，包括世界宗教课程或另一门宗教课程中处理许多建议。其他的学校科目也涉及价值观和社会，无论明确与否。这些科目包括公民教育、历史、社会学、文学和艺术。学校各门学科对价值观的教育方式不同，这也再次强调了教育者进行价值观教育时应采取全校协调合作的方法，这种方法并不是肤浅的。教育工作者本身也可以从对其个人的价值观和对共通主义——特殊主义的看法进行批判性反思中受益。事实上，这也是教师备课的一部分。

学校会将价值观框架设置为课程的一部分，因此不仅要谨慎选择教学内容，也要注重教学过程。我们可以把以下的一般过程视为学校在学生就读期间处理价值观教育的方法的总结：

• 建模和模仿

• 训练和习惯

• 探究和阐述（Carr and Landon 1993，as quoted in Halstead 1996，p. 11）。

具体活动所采用的方法将与其他科目以及不同班级所采用的方法一样多种多样。教育者可以通过一系列以讨论为基础的方法和以学生为中心的主动学习方法来培养学生的参与意识、反思能力和批判性分析能力。这些方法都可以在教育资源中找到。

协商民主讨论

本文介绍了关于在教育中传授价值观的不同方法的学术研究，说明了这些方法如何在一定程度上反映了共通主义和相对主义之间的争论，同时还考虑到学校是如何在不同国家和地区以及不同年龄段中推动价值观的发展的。最后提议，要采取一种混合式的价值观教育方法，其中包含了共通主义和特殊主义立场的内容。从对低年级学生采取社会化影响的方法转向对高年级学生采取批判性和反思性的方法，这表明了人权教育中许多人肯定使用批判性教学法。

值得注意的是，在这一教育框架内，主要的动力变化是教学法的变化。在对幼儿进行社会化教育时，世俗价值观和宗教价值观都可以被确定为核心的共通价值观。那么问题是，不同文化间的共同价值观是否也可以在这一阶段妥善处理。最终根据之前提出的混合教学法，对高年级学生采取更多的反思性和批判性教学法，这自然会引发出价值观的来源问题。

国家政策制定者、课程开发者、教育工作者和学校都面临着相当复杂的挑战。他们必须确定、示范和促进学校帮助学生内化共通价值观，从而：

- 让学生能够心怀敬意，积极地参与学校和社会活动。
- 培养归属感，同时认识到教育者、学生及其家庭的身份和背景的多样性。
- 将学校的价值观与不同文化和信仰的更广泛的、共同的"共通"价值观联系起来。
- 帮助学生更好地认识价值观的性质和进行批判性反思活动，包括某些价值观的特殊性和随时间变化的特性。
- 鼓励将"共同人性"、相互联系和同理心作为一种特性（而不仅仅是一种价值观）。
- 最终鼓励学生在接受与他们的世界观和生活经验相一致的价值观时进行选择。

一般来说，这些目标与优质的学校教育有关，但也与防止暴力极端主义有关。地方课程可包括具体学科的框架和价值观的横向整合。课程还可以促进实施具体的教学实践和学习实践，以及全校性的实践。在分权学校系统中，制定课程开发的一般政策时，会将一些指导方针包含进去，要求学校制订校内价值观声明的过程更加包容，也要确保学校营造一个良好的氛围，欢迎鼓励那些价值观和选择与他人不一致的学生。

针对如何支持价值观中的准共通主义，本文进一步提出了具体建议，包括进行价值观审查、制订价值观声明，以及在学生在校学习期间实施课程。这样学校不仅不局限于使用社会化方法，也可以采取促进学生对价值观的多角度和批判性反思的方法，这和学生的年龄和成熟度程度更加匹配。

这一切说起来容易做起来难。为了使所有价值观教育政策和做法都协调一致，学校系统必须保证国家、地方和学校各级层面的人和政策都保持一致，但目前每个系统和学校已有自己的价值观。出于这个原因，笔者提出的一些实际建议包括了审查实践、更加开放地讨论学校应该接受哪些价值观以及系统如何促进其传播。

这里，我回到之前提到的弗雷泽（Fraser，2005）和本哈比（2007）提出的关于民主程序和审议的建议，笔者称之为协商民主决策。这种程序可以在多个层面上进行：学校、国家教育决策，甚至在国际环境中。也许在学校层面上更容易实施这项建议，但实际上各个层面都需要实施。

人权价值观为讨论平等和不歧视等共同价值观的（积极）内容提供了一个初步基础；国际人权标准加入了某些在全球文化中可能被认为神圣不可侵犯的自由，如免于酷刑和免于奴役的自由。然而，我们要通过参考经验证据、进行文化分析以及开展包容性和真正民主的对话过程,以此才能(重新)确定和确认全球共通的规范、价值观和理解。在当今这个不断变化、全球化日益加深的世界中,这项工作十分必要。我们还需将其具体到教育中的价值观,这项工作可以在国际、系统和学校多个层面展开。

今后,我们会有许多成功在教育中传播价值观的方法,它们适合于一个可以将人类经验定义为具体的、共通的或两者兼而有之的世界。这需要教育政策制定者、课程设置者、政府间组织、民间社会(包括信仰团体和人权团体)、教师教育工作者和研究人员以及学校社区成员之间共同合作。教育工作者发挥着在教育中促进价值观的重要作用,我们为他们获得完成任务所需的知识和技能提供支持。

教育决策者可以与社会上许多对价值观感兴趣,并且有自己想法的群体多进行协商。这些群体包括青年及其家庭;文化、政治和宗教领袖;以及其价值观和实践可能受到忽视甚至迫害的群体。在这样的协商民主讨论中,有许多难题值得讨论:

在所有群体中,我们所珍视的价值观是什么?

其中哪些被认为是共通的价值观?

哪些被认为是共通价值观的变体?

是否有价值观变体被认为是与共通价值观相矛盾的?

学校和教育系统应该如何协调这些问题的答案?

讨论上述问题时,人们可能会持有不同意见。在学校的核心共通价值观问题上,或者如何促进这些价值观——例如,通过宗教教育、公民教育和/或其他方式——人们可能无法达成一致。国家和地方各级教育领导人得根据教科文组织等机构所倡导的准则,就如何协调这类分歧提供指导。教师也会参与到讨论中来,他们需要一个明确的工作框架。教师的作用至关重要,再怎么强调都不为过。

随着我们对全球化及其影响的理解不断加深,如果在教育领域围绕共通价值存在的理论辩论,还是太长时间地偏离主题,这是不明智的。相反,我们应该在能够确定不同文化的共同价值观和价值观变体的协商民主决策的进程中不断向前进,同时也要注意到人权标准所建议的特殊性界限。本着合作和宽容的精神,在学校层面开展真正的对话,这可以反映出 1993 年《全球伦理宣言》中体现的共通性和多样性并存的结果。

(曹碧涵　译)

参考文献

Adami, R. (2014). Re-thinking relations in human rights education: The politics of narrative.

Journal of Philosophy of Education, 48(2),293 - 307.

Baehr, P. R. (2000). Human rights and international relations. In D. Forsythe (Ed.), *Human rights in international relations* (Vol. 2). Cambridge: Cambridge University Press.

Benhabib, S. (2007). Democratic exclusions and democratic iterations: Dilemmas of 'just membership' and prospects of cosmopolitan federalism. *European Journal of Political Theory*, 6(4),445 - 462.

Blatt, N., & Kohlberg, L. (1975). The effects of classroom moral discussions upon children's level of moral judgment. *Journal of Moral Education*, 4,129 - 161.

Cairns, J., Lawton, D., & Gardner, R. (Eds.) (2001). *World yearbook of education 2001: Values, culture and education.* London: Kogan Page.

Carr, D., & Landon, J. (1993). *Values in and for education at 14 +.* Edinburgh: Moray House, Institute of Education, Heriot Watt University.

Constantinides, A. (2008). Questioning the universal relevance of the Universal Declaration of Human Rights. *Cuadernos Constitucionales de la Cátedra Fadrique Furió Cerio*, 62 - 63,49 - 63.

Enslin, P., & Tjiattas, M. (2009). Philosophy of education and the gigantic affront to universalism. *Journal of the Philosophy of Education Society*, 43(1),2 - 17.

Fraser, N. (2005). Reforming justice in a globalizing world. *New Left Review*, 36,55 - 72.

Halstead, J. N. (1996). Introduction. In J. M. Halstead & M. J. Taylor (Eds.), *Values in education and education in values* (pp. 11 - 22). London: Falmer Press.

Halstead, J. M., & Taylor, M. J. (Eds.) (1996). *Values in education and education in values.* London: Falmer Press.

Kinnier, R. T., Kernes, J. L., & Dautheribes, T. M. (2000). A short list of universal moral values. *Counseling and Values*, 45(1),4 - 17.

Kohlberg, L. (1976). Moral stages and moralization: The cognitive-developmental approach. In T. Lickona (Ed.), *Moral development and behavior: Theory, research and social issues* (pp. 31 - 53). New York, NY: Holt, Rinehart and Wilson.

Kohlberg, L. (1984). *Essays on moral development: Vol. II. The psychology of moral development: The nature and validity of moral stages.* San Francisco, CA: Harper & Row.

Lee, W. O. (2001). Moral perspectives on values, culture and education. In J. Cairns, D. Lawton, & R. Gardner (Eds.), *World yearbook of education 2001: Values, culture and education* (pp. 27 - 45). London: Kogan Page.

Nussbaum, M. (1999). In defense of universal values. In *Occasional paper series: Women and human development. The fifth annual Hesburgh lectures on ethics and public policy.*

Nussbaum, M. (2002). Patriotism and cosmopolitanism. In G. W. Brown & D. Held (Eds.), *The cosmopolitanism reader* (pp. 3 - 17). Hoboken, NJ: Wiley Publishers.

Parliament of the World's Religions (1993). *Declaration toward a global ethic.* Chicago, IL: Council for a Parliament of the World's Religions.

Power, F. C., Higgins, A., & Kohlberg, L. (1989). *Lawrence Kolhberg's approach to moral education.* New York, NY: Columbia University Press.

Schwartz, S. H. (1994). Are there universal aspects in the structure and contents of human values? *Journal of Social Issues*, 50(4),19 - 45.

Segal, M. H., Lonner, W. J., & Berry, J. W. (1998). Cross-cultural psychology as a scholarly discipline: On the flowering of culture in behavioral research. *American Psychologist*, 53(10), 1101 - 1110.

Thomas, E. (2000). Researching values in cross-cultural contexts. In R. Gardner, J. Cairns, & D. Lawton (Eds.), *Education for values: Morals, ethics and citizenship in contemporary teaching* (pp. 257 - 272). New York, NY: Routledge.

Tibbitts, F. (2018). Contested universalism and human rights education: Can there be a deliberative hybrid solution for schooling? In M. Zembylas & A. Keet (Eds.), *Entanglements and regenerations: Critical human rights, citizenship and democracy education*. London: Bloomsbury.

UNESCO (2015). *UNESCO's role in promoting education as a tool to prevent violent extremism*, Executive Board 197 EX/46. Paris: UNESCO.

UNESCO (2016). *A teacher's guide on the prevention of violent extremism*. Paris: UNESCO.

UNESCO (2017). *Preventing violent extremism through education: A guide for policy-makers*. Paris: UNESCO.

UNICEF/UNESCO (2007). *A human rights-based approach to education*. New York, NY: UNICEF and UNESCO.

United Nations (2000). *United Nations millennium declaration*. New York, NY: United Nations.

United Nations (2014). *Security Council resolution 2178*. New York, NY: United Nations.

United Nations (2015). *Security Council resolution 2250*. New York, NY: United Nations.

Warnock, M. (1996). Moral values. In J. M. Halstead & M. J. Taylor (Eds.), *Values in education and education in values* (pp. 45 - 53). London: Falmer Press.

Woodhead, L., & Heelas, P. (2000). *Religion in modern times*. Oxford: Blackwell.